僕たちは言葉について何も知らない

孤独、誤解、もどかしさの言語学

自治医科大学准教授
小野純一

NEWS PICKS PUBLISHING

僕たちは言葉について何も知らない

言葉は「魔術」である。

人やモノに触れずに
現実を動かす

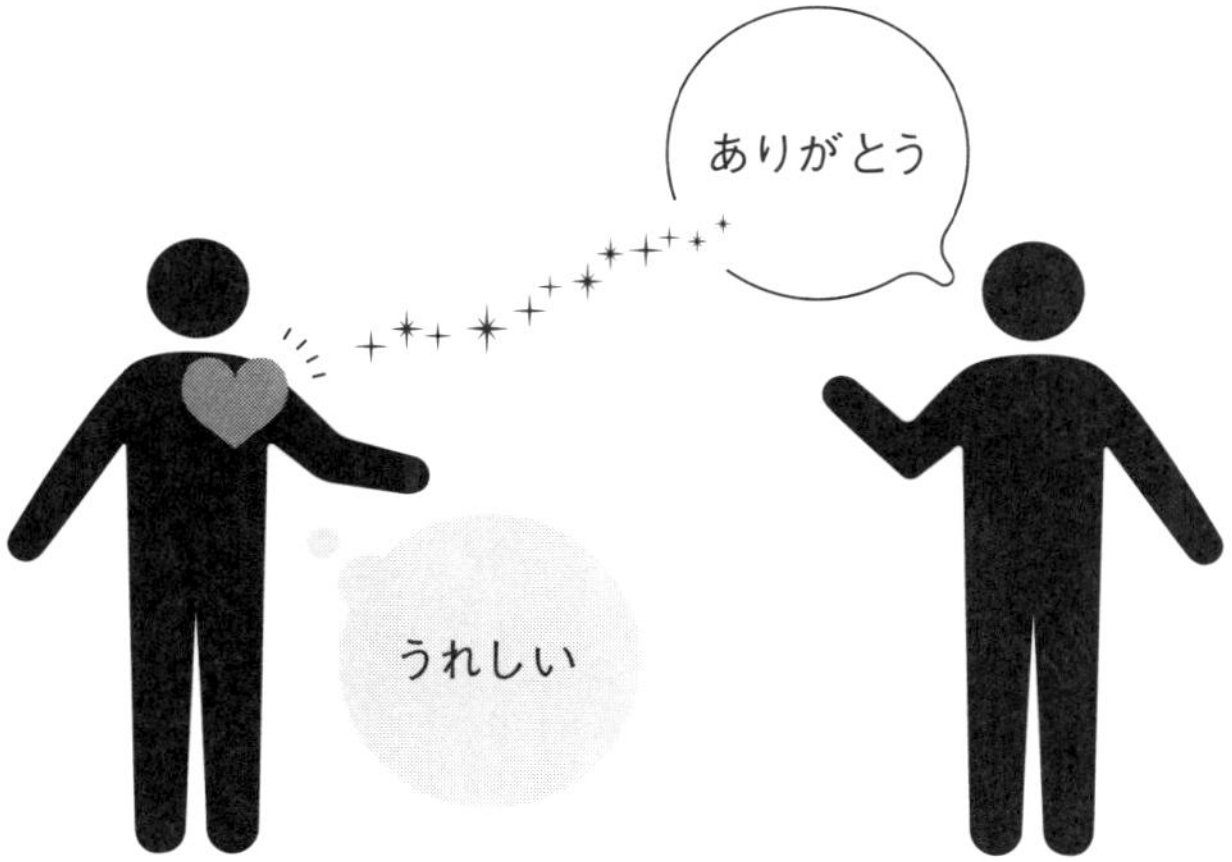

僕たちは言葉によって、
情報交換だけでなく
意図や感情など
「心」の交換をしている。

ただし、

物理的な臓器のように
「カラダの中に**心**がある」
「脳の中に**言葉**がある」
と考えると、

別の個体である
「他者」とは
わかりあえないという
孤独感につながる。

だけど、僕たちは
聞いたことがない
言葉を理解したり
わかりあえたりする
可能性がある。

なぜなら言葉は
「個」の内側にあるものではなく、
過去から蓄積され
お互いに影響しあって
いまこの「場」を作るものだからだ。

クラウドから
つどダウンロードして
使われるデータのように。

過去の蓄積

言葉の意味は
ブドウの実のように
たくさんあって
コロコロ変わる。

単語「天然」

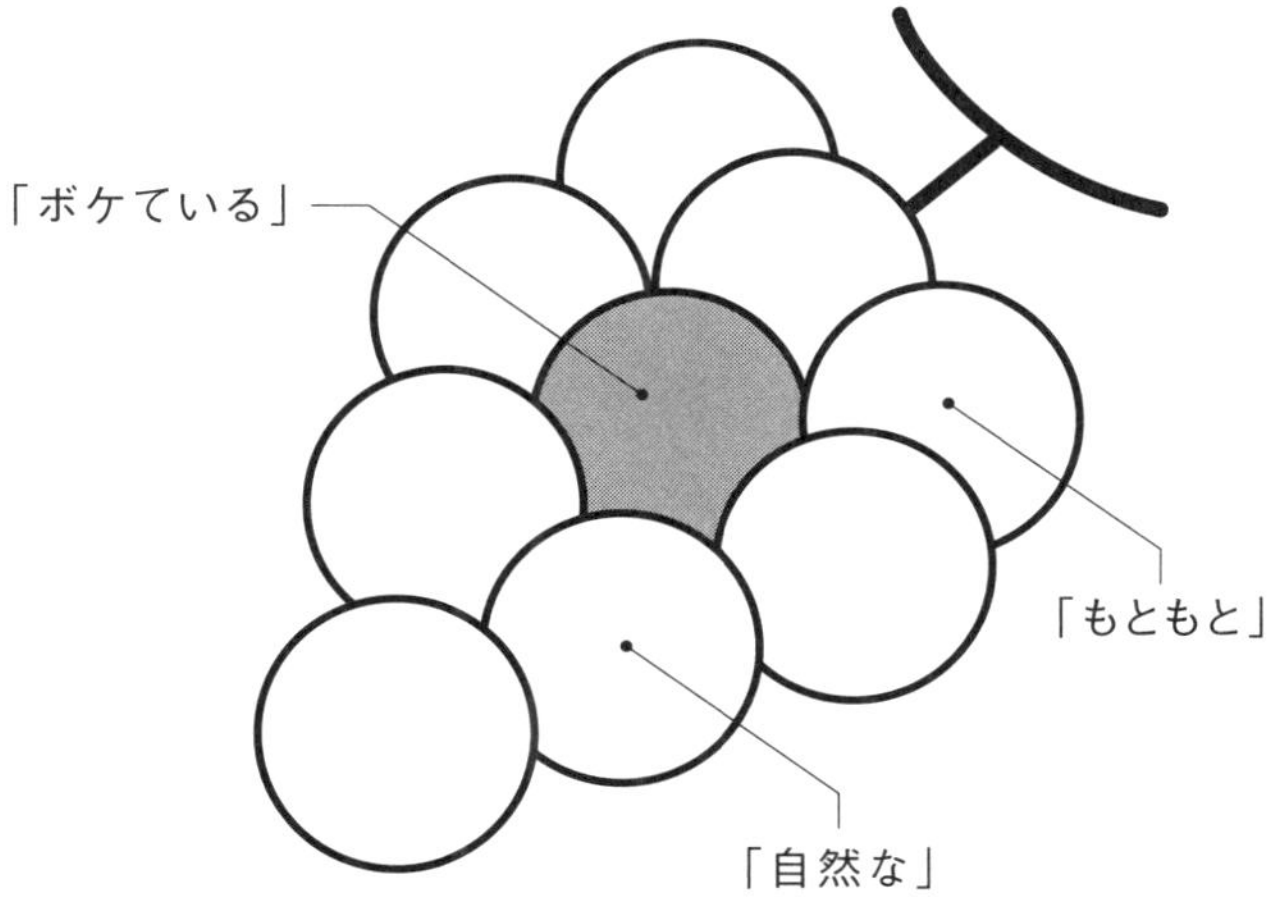

他人の言葉に対しても
自分の言葉に対しても
センシティブになることで、
誤解や孤独感を解消したり
個性や可能性を発見したり
することができる。

はじめに

この本は、なんで誤解が生じるんだろう、なんでうまく表現できないんだろうと悩む人たちに向けて書かれています。

意図が伝わらないと、見えない壁のようなものを感じてしまいます。親しいはずの家族や友人が、急に自分から離れて感じられるかもしれません。そんな隔たりを感じてしまうと、自分は誰からもわかってもらえないのではないか、ほんとうの友だちなどできないのではないか、という不安にすらなります。

そのような悩みこそ、あなたの個性に言葉という灯火《ともしび》のともる場所であり、誰かとわかちあいたいと思う感情や経験にいのちの宿る場所です。それがあなたらしさをつくるからです。そのしくみや、悩みの意味を解き明かす一歩を進める。それがこの本の目的です。

私たちは、物心ついたときから言葉を使ってコミュニケーションをとっています。言葉を理解しないとわかっていながら、ペットの犬や猫に話しかけることもあるでしょう。そうすることで、ペットの犬や猫と心が通じる瞬間を経験している気持ちにさえなります。

耳が聞こえなくとも、身体が動かなくとも、テクノロジーが会話を助けていることもよくあります。そのテクノロジーも言葉なしには成立しないでしょう。

そんな私たちに、いっさい言葉を使わない生活を想像するなど、果たしてできるでしょうか。誰とも話をしない日常は想像できても、心の中でもまったく言葉を使わない自分を、私は想像できません。


言葉を使わずに生きることは難しいのに、一方で言葉ではうまく伝わらない、とか、どう言ったらいいのかわからない、ということもよくあります。よく〈意図が伝わらない〉と言いますよね。あるいは、誤解を与えたようなら謝ります、と言ったりします。冗談が伝わらずにまじめに返されたり、お互いが言ったことを勘違いして笑ったりすることもあります。誤解からケンカになることもあるでしょう。

誤解からくるケンカは、SNS（ソーシャル・ネットワーキング・サービス）でもよく見かけます。SNSでは、会話に参加しなくても、どんなやり取りが行われているか読むことができます。そのサービス上で議論になり、ケンカのような状態に発展することがあります。部外者として読んでいると、お互いに、あるいは片方が誤解しているように見えることもよくあります。どうして、こんなことになるのだろう、と不思議に思ったことはありませんか。

たしかに私たちは、目の前にいる人と会話をしても、文字に書いて交流しても、どうしても誤解してしまいがちです。「わかりあいたい」と思っていても、これは避けられないのでしょうか。

私たちは情報だけ交換して生きているのではなく、心と心の交流を求めています。だからこそ、言葉が伝わらない〈もどかしさ〉は、孤独感の原因になります。逆に、心の交流ができる相手を、私たちは〈仲間〉〈友だち〉と呼び、自分は独りではないと感じています。

言葉は心の交流になくてはならないものです。言葉ほど人の気持ちを心の底から揺さぶるものもないでしょう。心ない言葉を言われて、傷ついた経験のある人も少なくないでしょうし、誰かの言葉に救われた人も多いと思います。

言葉は真実を伝えることができるのと同じように、真っ赤な嘘をつくこともできるものです。人の心を救いもすれば、生涯消えることのない傷を負わせることもできるものです。誰もが自分の言葉の持ち主なのに、どうにも上手く使いこなせない。私自身、そういった経験をして、言葉の不思議に目を見開き、驚き続けています。

このように、言葉とはさまざまな側面があり、なかなか一筋縄ではいかないものです。言葉とはいったい何なのでしょう。あらためて考えると、とても不思議に思えてこないでしょうか。そう思っていただけるなら、私たちはいま同じスタート地点に立っています。

私は幼いころから、「言いたいことが伝わらない」ことを不思議に思ってきました。むしろ、話しても話しても、誤解が深まるようで、伝えることをあきらめる場合もあります。そういった場面は、学校や職場、家庭のどこにでもあります。

私は哲学や言語学を学ぶなかで、明確な意味とは何か、明確な言語化とはどういうことかに興味を持ちました。

言語哲学者として研究を重ねるなかで、〈人はわかりあえないのではないか〉という計り知れない不安が、実は〈自分らしさ〉の根拠でもあると考えるようになりました。人はみな誰とも違うからこそ他人を完全に理解できない可能性もありますが、みな他の誰とも違うからこそ〈その人らしさ〉が出てくるでしょう。私は、その違いを見きわめることが、孤独感にさいなまれる人を救うと考えます。

私はこの本で、このように言葉が原因で感じられる〈もどかしさ〉、不安や孤独感の正体にせまりたいと思います。そして焦燥感、苛立《いら》ちとどのように付き合ったらいいのか考えていきましょう。この本を読み終えたとき、今までなんとなく感じていた不安や孤独感が消え去り、私たちの目の前に言葉や心の広がり、奥深さとして見えてくる。それがこの本のねらいです。そのような景色が見えるところまで、みなさんと一緒にゆっくり歩いていきたいと思います。

第1部 理論編

言葉の本質

第1章 人間の言葉は魔術だ 27

第2章 「言語化」の手前にあるもの 73

第3章 あいまいさが生む言葉の本質 89

第4章 空気・皮肉・げんかつぎの言語学 107

第2部 応用編1 嘘、誤解、もどかしさ

第3部 応用編2 生きるに値する孤独な世界

最終章

「月がきれいですね」が「あなたが好き」になるとき　239

第 1 部

理論編

言葉の本質

第1章 人間の言葉は魔術だ

言葉は「**魔術**」である

意図や感情などの**心**は
言葉によって
作られる

言葉によって
相手の心を形づくる

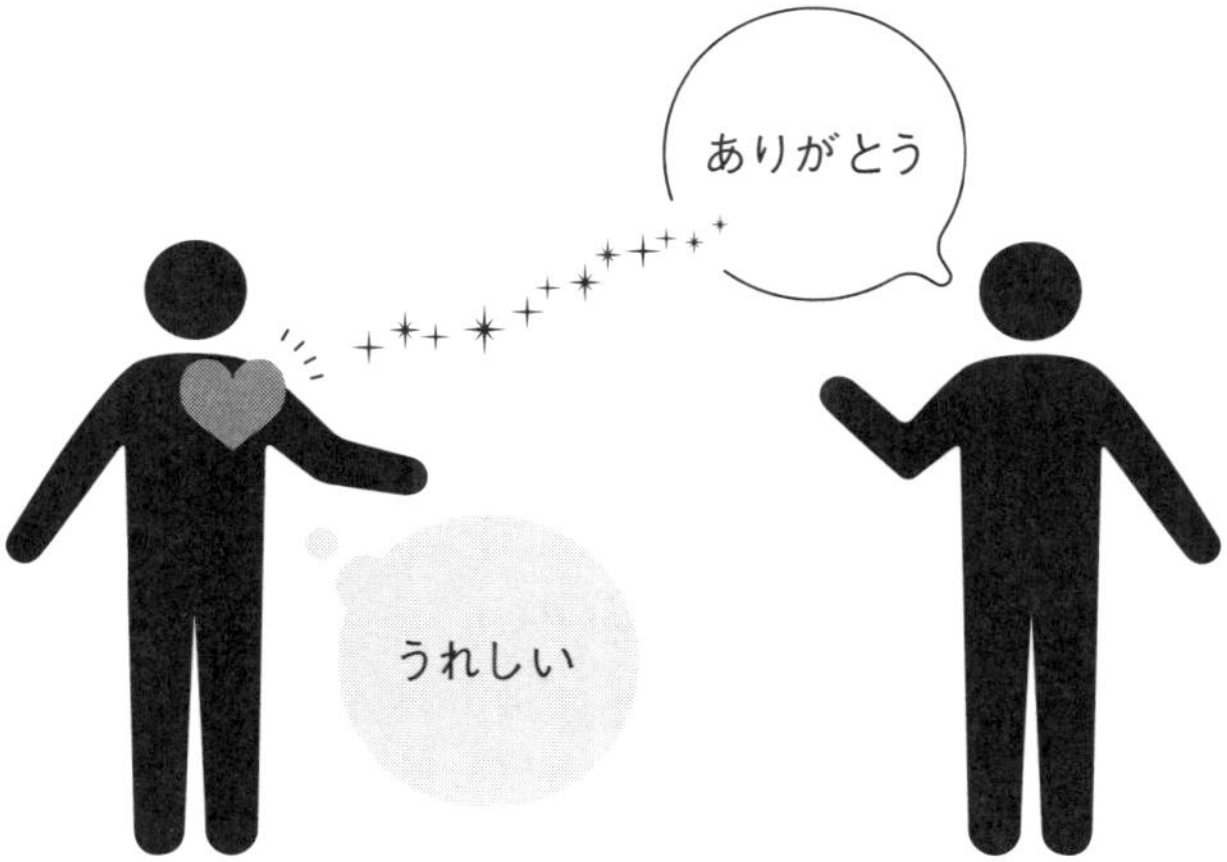

言葉には知られた顔と知られていない顔がある

人は生まれながらに他者を必要とする

言語とはコミュニケーションの道具である、と言われます。だからこそ、上手に他人とコミュニケーションできるということは、上手に言語化できることだ、と思い込んでいないでしょうか。ちょうど、パソコンを使いこなしたり、楽器を上手に弾いたりするように、私たちは言語を上手に使いこなすことで、人とのコミュニケーションがうまくいくはずだ、と一般に考えられていると思います。

私たちが会話をうまくできるのは、話し手が言語化の達人だからではなく、お互いが言葉をとおして新しい考えを獲得し、新しい世界に出会う楽しさや喜びを共有するときです。[1]海外旅行で、たどたどしい英会話で誤解したり、苦労してコミュニケーションした思い出が残るなら、それは旅行の大切な思い出であり、失敗した会話だと考える人はいないはずです。日本語でも同じです。よどみない講演を聞いたとき、わかった気持ちになりますが、思い出そうとしても、話が上手だったなぁという記憶が先に出てきて、何が心に響いたのか、言えないことがあります。それは情報伝達やコミュニケーションが成功したと言えるでしょうか。

人はみな誰かを必要とします。他の人とまったく交流しないで生きることは、きっと誰にもできないのではないでしょうか。独りになりたいという感情は、ふだん誰かと一緒にいるので、たまには独りになって好きなことをして過ごしたい、というささやかな望みを言い換えたに過ぎません。人に会うのが嫌な人も、誰かと会うことが本当に楽しみや喜びをもたらすなら、交流を完全に拒否しないのではないでしょうか。

でも、無理に友達を作らなくて大丈夫

最近、オランダのスーパーが「おしゃべり歓迎」で話題になりました。そのスーパーで

1　ロシアの哲学者ミハイル・ミハイロヴィッチ・バフチン（1895-1975）。「新しい世界との出会い」「新たな自分になること」については、第7章で説明しています。

は、緑の買い物カゴを持つと「話しかけＯＫ」というサインになります。老若男女を問わず、緑のカゴをもつ人が増えました。買い物をすると同時に、その日の小さな喜びを持ち帰ることのできる場が誕生したわけです。

日本では、レジでゆっくり支払いすると、後ろの人に迷惑だと思う風潮があります。ところが、日本よりも20年以上早くセルフレジが誕生したオランダに、数年前、会話を楽しむ「世間話専用レジ」ができました。こういった試みは、買い物が唯一の社会との交わりの機会である老人や、独り暮らしの人々の支えになり、大きな話題と支持を集めています。

人は誰でも交流を必要とします。でも、その相手が親友である必要はありません。

最近、アメリカやカナダの心理学者が複数の調査・研究から、**うわべだけの世間話をすることで幸福感が高まる**、という結論を導き出しました。[2] 幸福感は、心から仲がいいと思える親友や恋人、家族のみがもたらすことができるのではなく、まったく知らない人との何気ない会話が心を明るく温かくしてくれる、というのです。

こういった世間話にも満たないような短い会話は、社会の潤滑油になるだけではありません。私個人のその時の感情を考えてみても、その社会で多少なりとも受け入れられている、という安心感をもたらしてくれたと言えます。私の住む街でよく行くケーキ屋さんでは、他にお客さんがいなければ、ほんの少し無駄話をします。しかし、それはまったくの無駄ではなく、**話すことでお互いがここで生きることを確かめあう証になっている**、と言ってよいと思います。

「人は社会的な生き物である」とか「人は言語的な生き物である」とよく言いますが、こういったことを考えると、その本当の意味は「人は生まれながらにして互いを求める」と理解できるのではないでしょうか。この場合、互いを必要とするというのは、互いに認知すること、その認知を言葉として表すことだと思います。言語とはコミュニケーションの道具だと言いますが、情報伝達とともに、互いの存在を認める機能がもっと根本に存在しているように思えます。

言葉の機能とはなにか

自分の言ったことが、言おうとした通りに伝わったのか不安になることはありませんか。

2　アメリカのシカゴ大学のニコラス・エプレイや、フロリダ大学のジェニファー・ハウエル、カナダのブリティッシュ・コロンビア大学のギリアン・サンドストロムなど。

「あれはそういう意味じゃなかったけど……」と思いながらも、「まぁいいか……」とすませてしまう経験は誰にでもあると思います。いちいち訂正するよりも、会話がスムーズに進むほうを優先するからでしょう。

ということは、逆に相手が「あれはそういう意味じゃないけど、まあいいや……」と思っている可能性も想像できます。お互いがいちいち訂正したら悪い、と気をつかう光景を簡単に思い浮かべることができそうです。外から見ると二人の間で会話が成り立っているように見えて、実はお互いに「意味が通じないな」と思いながら、自分は相手の言葉を理解していると勝手に思い込んでいる状況です。

ここで言葉とは、たった一つの単語や、単語を組み合わせた表現や文などのことです。言葉による交流をとらえるには、大きく分けて三つの見かた・考えかたがあります。

第一の見かた：言葉は記号である（論理的）

言葉について考えるとき、まず想定するのは「言語とはコミュニケーションの道具だ」という考えかたです。言葉の本来の意味は「文字通りに」理解することだと考え、言葉を

記号だとする態度です。言葉の意味とその対象がぴったり一つに重なると考える「単純系」です。

ちょうど、平板な（一つの意味しかない）ジグソーパズルを、決まった通りに並べるように、言語を理解する立場です。これは、論理的な世界です。

しかし日常の世界は、論理よりも情動（感情）が優位ですし、言語の論理的な側面よりも、情動的な側面が優勢です。

第二の見かた：言葉には含みがある（心理的）

言葉は単なる道具ではなく、感情と切っても切れない関係にあります。円滑なコミュニケーションにとって決定的に重要なのは、言葉の〈含み〉をくみとること、文脈や状況から判断すること、もっとザツな言いかたなら「空気を読む」ことだ、という考えかたです。言葉は情報という客観だけではなく、新しい考えや感情といった主観に働きかけます。

第二の見かたは、心が身体の中にあると考えます。心を臓器の一部のように物体化してとらえていますが、それにも限界があります。心を、個々人の皮膚で覆われた身体の中にある見えない存在とすると、「あなたとわたしは別の人間だから、わかりあえなくて当然」という考え方や疎外感・孤独感につながるからです。

第三の見かた：言葉は〈場〉である（相互作用的）

心は臓器の一つではありません。

昨今、心や意図、言葉の意味は**相互作用によって生じる**、という考えかたがあります。それが「生きている現場」における心の働きであるという見かたです。私自身も、この立場から言葉と誤解、孤独を本書で紐解いていきたいと思います。

私たちは言葉を自分の中に蓄積するのではなく、共有クラウドからダウンロードするようにして使っています。言葉はこれまでの文化、外部とのコミュニケーションから生じているのです。

もちろん思い出や記憶は脳と切り離せません。思考も記憶を必要としているので、脳が不要だという意味ではありません。

共有クラウドだけでは何もできません。パソコンやスマホがないとクラウドも使えないことを思い浮かべてみてください。言葉は、そして言語行為から引き起こされる思考や感情などは、クラウドのように〈場〉をとおして意味をもつと考えられます。

心は存在するのか？

言葉はあなたの心の中にとどまらず、他者と共有される**外部**です。心は言語が「外から」引き起こす相互作用の結果・効果です。

心は単体で存在するのではなく、相互作用するリフレクションの場です。相手から来る言葉は反響し、共鳴し、共振し、それは次の動きへと反映し、また相手に返っていく。これを可能にするのが心という場です。

他人がいなくとも、自分一人で音楽を聴き、本を読み、記憶を反芻《はんすう》することも次の行動を引き起こします。心とはリフレクションによって**自分を新たな自分に作り変える場**であると言えます。

本書ではこの第二の見かた、普段言語化されない領域を前提に、第三の見かたを詳しく見ていきたいと思います。まずはその前に、第一の見かた「言葉は記号である」とはどういうことか、簡単に説明していきます。

ミツバチは悩まずダンスする

記号としての言語

一般に、言語は情報伝達・意思疎通といったコミュニケーションの道具だと言われます。実際、この文章を読んでいる人に、私は日本語で新しい知見を伝えようとしているのですから、情報伝達のために言語行為をしています。

20世紀以降の言語学や言語哲学では、これは**行動主義**と呼ばれ、刺激と反応という関係から**信号として言語をとらえる**立場です。心の内側ではなく、外部から客観的に観察できる対象のみから行動の法則を研究・科学する働きをしました。

みなさんは学校の生物の授業で、ミツバチのダンスについて習ったのをなんとなく覚えていませんか。ミツバチはダンスによって仲間に巣から花までの距離と方向を知らせることができます。そのダンスは、情報伝達の記号になっていることが発見されています。ミツバチにとって、ダンスは本能によって行われる記号的な行動です。ミツバチは花を知覚したなら（刺激の入力）、その反応としてダンスをします（信号の出力）。仲間のミツバチはそのダンスを知覚したなら（刺激の入力）、その反応として信号が示す通りに行動します。つまり、信号が示した通りの距離と方向で対象を発見し、蜜を集めるわけです。

これは、人間の身体がホルモンを分泌したり、暑かったり緊張したりすれば汗をかいたり、手に熱湯がかかったら考える前に手を引っ込めるのと違いはありません。ホルモンも情報伝達物質（メッセンジャー）ですので、たとえば成長ホルモンが出るということは、このメッセンジャーが「成長せよ！」という脳の指示を身体の各部分に伝達し、受け手（身体のさまざまな部分）はその指示に従うわけです。

ミツバチのダンスでも、ホルモンでも、あるいは手に熱湯がかかった場合でも、その刺激と反応のあいだ、その信号の送り手と受け手のあいだに**「これはどういう意味だろう」とか「そのメッセージをどう理解しよう」などといった解釈の余地はありません。**信号には決まった意味しかないため、ミツバチは仲間のダンスを鑑賞したり、解釈したりする必要はありませんし、身体の細胞どうしも、ホルモンを理解するために学校に通ったり、解説書を注文したりする必要はありません。こういった信号による情報伝達も、言語によらないだけで、コミュニケーションであることに違いはありません。

刺激と反応の関係は、ちょうどコンピュータやスマホの入力と出力の関係と同じです。みなさんはお店を検索するときに、スマホでたとえば「ランチ」「おすすめ」「東京駅」を入れます。それらが機械を動かすのに必要な合図です。すると機械は合図を受け取り、結果をはじき出します。電卓に、数字を打ち込んで計算するのと同じです。

ところが、私たちが考え、感じる行為は、計算とはだいぶ趣《おもむき》を異《こと》にするのではないでしょうか。

私たちは自分の考えをどう伝えるか悩みます。自分が感じたことが言葉にならないことがよくあります。お互いに、言いたいことが伝わらなかったり、誤解したりします。ところが**刺激と反応**、**入力と出力**のあいだに、悩みはないはずです。ダンスが上手くできないと落ち込んでいるミツバチはいません。それが私たち人間のコミュニケーションを支える「記号」とどう違うのか、見えてきたのではないでしょうか。

人間の言語が他の動物と違うわけ

私たちは生活の大きな部分で、こういった刺激と反応の関係として言語を「一義的」に用いています。あまり遠くない空で黒い雲がわきたってきたら、それが雨の〈しるし〉だと理解して、建物の中に避難したり洗濯物を取り込みます。そのとき雲は「一義的」な記号です。信号や符号、合図（英語ならサインとかシグナル）は、その意味とかならず**一対一で対応**します（これを「一義的」ということにしましょう）。たとえば、ミツバチのダンスや身体的な反応、雨雲と降雨のような自然現象も〈記号〉として理解できます。刺激と反応の関係は「一義的」であることを特徴とします。

しかし、同じ雲から子どもの頃の夏休みや海水浴のわくわく感を思い起こしたり、垂れ込めた雨雲と暗い空や雨から憂鬱《ゆううつ》になって、つらいときよく聴いた歌を思い出したりする

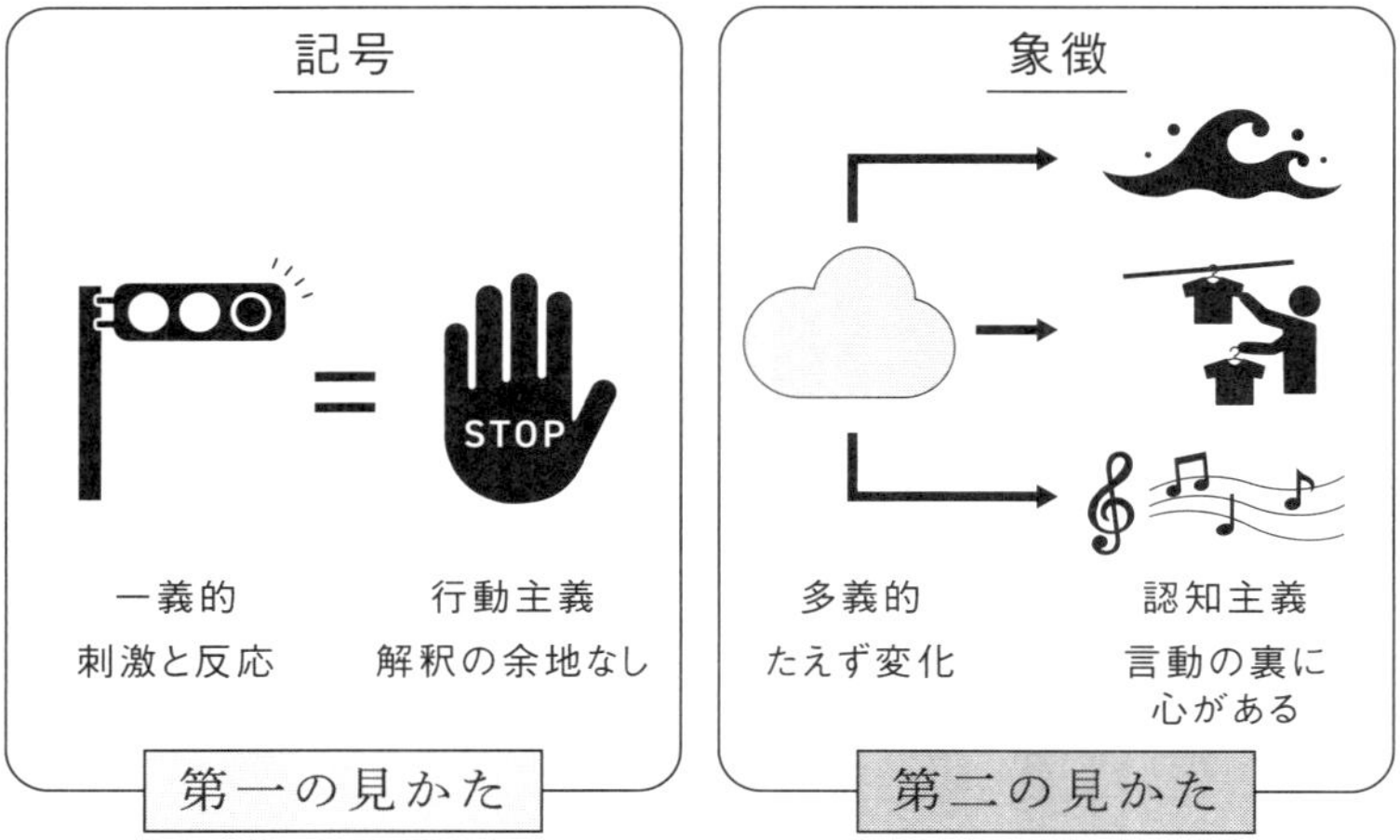

図1．記号（第一の見かた）と象徴（第二の見かた）

なら、その雲は一義的な「記号」ではありません。これを**「象徴」**といいます（図1）。「入道雲は夏の象徴だ」という使いかたができますが、文化や人によって変わるのが象徴です。象徴こそ、人間の言語が他の信号とは違って**「多義的」**であり、そのためにはるかに多様で柔軟である理由です。

信号として言語をとらえる「行動主義」と反対の立場が**「認知主義」**です。ほとんどの人は無意識に「認知主義」の立場をとっています。これは言動の背後に「心（意図、思考、感情など）」が存在すると考える立場です。

この「第二の見かた」から、言葉の役割について考えてみましょう。

「あなたに教えてもらいたいことが一つあったのよ。

それで、こうして電話をしているの」

とすみれは言った。

そして軽く咳払いをした。

「つまりね、記号と象徴のちがいってなあに？」


村上春樹．スプートニクの恋人．2001．

言葉の役割

1 物語を生み出す力（イメージ喚起力）

雲という言葉から、文脈によってワクワク感や憂鬱感を受け取るように、言葉の意味と感情は密接な関係にあります。言葉によってある決まった方向に心理が傾くことはたしかです。言葉で意思疎通も情報交換もでき、小説を読んで感動したり、新聞記事を読んで世の中を知ったりできるのは、言葉には**一定のイメージを呼び覚ます力**があるからです。

言葉によって、心に抱いていなかったイメージが現れるなら、それは言葉があなたの心に働きかけ、あなたにアクションを引き起こすきっかけを与えたり、別の感情を引き起こしたりすると言えます。

この「イメージを呼び覚ます力」を**「呪術」（魔術・魔法）**と定義したいと思います。

「イメージ」は文化の違いを超えるか

「象徴」は文化と個人によって変わる

海外でも日本と同じく、信号は三色ですが、日本と違って「青」ではなく「緑」と言うでしょう。日本語では緑色のりんごを青りんごと呼び、木々の瑞々しく濃い色を「青々とした」と呼びます。首を縦に振れば「よい」、横に振れば「だめ」を意味することも、日本人どうしならそれ以外にないとわかります（逆になる文化もあります）。

自然によって決定された刺激と反応は一義的な関係を特徴としますが、**人間が決めた「象徴」は、このように文化によって異なったり、心に生じる反応が人によって異なったりするのを特徴とします。**では、文化や育った環境が違うと人はわかりあえないのでしょうか？

文化による違いを「乗り越えられない違い」だと考える立場は、かなり強い「相対主義」という考えかたです。この立場では、文化の違いを超えた交流ができないことになってしまいます。ですが、いま日本語の「青」という言葉が「緑」であると説明したように、「違い」を説明できるなら、それは乗り越え可能な問題でしょう。

すべての言語は違いを超えて通じあうと考えるなら、それは「普遍主義」といえます。たしかに人類であるかぎり、すべての人に共通の要素があるから、文化を超えて算数や数学が理解可能になります。しかし同じ言語文化のなかに生きる人でも、経験、前提、生きる空間、価値観に違いがあります。文化が違えばもっと違う可能性があります。

では、文化の違いを橋渡しするのは「解釈」でしょうか。そうだとしても、解釈が「なんでもあり」だと、結局は一方的な理解で終わってしまい、相互理解にならないでしょう。**重要なのは、むしろ言葉の意味は「なんでもあり」にできない点です。**「解釈はなんでもあり」ではなく、社会的・個人的な前提条件を共有すれば、個人の違いや文化の違いを乗り越えて同じものをイメージすることも可能になるのです。

「リンゴを思い浮かべないでください」

人間はどうして物語やファンタジー、ホラー小説のように、非現実の世界を思い浮かべ、それを楽しみ、悲しみ、心を動かせるのでしょうか。また、自分とは無関係の人が不当な扱いを受けたり、不幸な事故に巻き込まれたりした事件を知ったら、それはあってはならないことだと、その人のために「いきどおり」や「やるせなさ」を覚えることがあるはずです。このように、自分が体験しない事柄を理解させることが言葉の機能の驚くべき側面です。この機能があるからこそ、人間は学問や技術、文化、文明、芸術、遊びを発達させることができました。この機能はイメージを生む働きを根本にもっています。

誰かが「リンゴを思い浮かべてください」と言った瞬間、目の前にリンゴがなくとも、心の中にふんわりとリンゴのイメージが湧き起こるはずです。目の前にリンゴがあるときも、実はこのイメージは目の前の対象と一致して働いています。目の前の対象が、一致している間は、そのズレに気づかないだけです。ですが、少しでも目の前の対象とイメージとがずれると、「あれ、なんか変だな、思ったのと違うな」と感じるはずです。

そもそも言葉は、概念と音・文字・ジェスチャーとを、目の前の具体的な対象ではなく、漠然と「リンゴ一般」のように一般的な意味＝概念に結びつけることを第一の働きとします。言葉は「思考」に立ち現れてくる意味＝概念を指し示すことが第一の働きです。そして、言葉はイメージと密接に結びついて「思考」を作り出しています。

言葉によるイメージの呼び出しは、自分でコントロールできないほど強力です。たとえば、「リンゴを思い浮かべないでください」という文を読むとします。すると、その文が「思い浮かべるな」と命令しているのに、「リンゴ」と聞いただけで、どうしてもイメージが湧き起こってしまいます。

物語は語り手と聞き手の相互作用で生まれる

言葉は、言葉の外に現実には存在しないイメージを創り、それを名づけることで、物語を生み出すことができます。ドラゴンや一角獣《ユニコーン》を考えてください。これらの言葉に対応する存在はありません。ところが物語の中で、言葉を組み合わせて一定のイメージを構築することができるので、その物語の描くイメージを心の中に形作ることが可能です。

「物語」は、語り手の与える解像度と、聞き手のイメージ再現力が高いほど、たんなる知的な理解を超えて、真に迫るものになります。

語り手の解像度が高く、たとえば宇宙について、死について、より細かく伝えれば、聞き手の知的理解は高まります。さらに、聞き手が宇宙について並々ならぬ関心を持っていたり、身近な人の死を経験したばかりだったりすれば、その物語はより具体的な像を結ぶでしょう。

しかし、同じ映画を観ても感じかたが人によって違うように、語り手がいくら言葉を尽くしても、聞き手のほうが解像度の低いまま物語を受け取っているとき、そこに真の理解は生じません。

言葉は単独で成立するものではなく、相互作用性をもつという第三の見かたを反映した考えかたです。語り手と聞き手によって、物語は変わるのです。

イメージできない「千一角形」も、言葉によって理解できる

宇宙は138億年まえに大爆発を起こすことで始まったと言われます。いわゆるビックバンです。そんな前に人類は存在しません。それなのに、人類はその痕跡（残光）を観測し、計算し、行くこともできない宇宙の彼方《かなた》やはるかな過去の出来事を理解できます。これは言葉なしには不可能です。もっと正確にいうと、言葉によるイメージの働きがあるからこそ、私たちは難しい計算をしなくとも、ざっくりとながら何が意味されているのか理

解できます。
1年はイメージできますが、138億年を正確にイメージすることはできないはずです。三角形はイメージできますが、千一角形はイメージできません。でも、意味はわかります。ここで「イメージする」とは正確に思い描くことではなく、ざっくりと思い描くことです。

これは、リンゴのイメージが細部に至るまで正確であっては不便なのと一緒です。もしリンゴのイメージがどのような赤のグラデーションか、どんな大きさかミリ単位まで正確に決まっていたら、「リンゴ」という言葉で指し示すことができるのは世界で一つしか存在しないことになってしまいます。それでは世界を構成する物や出来事と同じ数だけ言葉が必要になってしまい、不便です。このざっくりとした不特定さによって、言葉は便利に使えるわけです。

言葉にならない世界が「知」を拡大していく

花を眺めるとき、誰もその花のすべてを見てはいません。花の中にまどろむ小さな虫も、花に水や養分を送る木の活動も、かすかにそよぐ風も、それが運ぶ香りもチリも見えていません。世界は細かく見ようと思えば、どんどん細かく見ることができます。

この瞬間に世界の裏側で起きている出来事も人々の不幸も、自分の足元で活動する微生物の営みも、後から知らされないかぎり知ることはないでしょう。知らされても、現実の極微の世界まで体験できません。世界には言葉になっていないさまざまな事物や出来事、感情があります。こういった未知の何かを「これは何々だ」（主語＋述語）の形で名づけることで、私たちは「知」を拡大していきます。しかし、そこに終わりがないことは、自然の広さと複雑さ、「思考」の多様さを考えるだけで想像できます。

言葉の意味の一部は現実の物や出来事にぴったり対応するさまざまなイメージですが、現実に当たる対象のないイメージも無数に存在します。

このように、現実に結びつかない側面があるからこそ、体験できない宇宙の彼方や極微の世界を言葉によって理解し、言葉によって物語を生み出すことができます。

② 言葉は感情に働きかける

日常会話は「情報交換」ではない

もし朝、家を出るとき家族に「今日、雨が降るよ」と言われたら、あなたはそれを情報交換だと思いますか。みなさんは一瞬にして、「傘を持って行きなさい」という意味だと理解しますよね。じゃ、なぜ直接「傘を持って行きなさい」と命令しないのでしょうか。命令されて喜んでそれに従う人はあまりいません。言いたいことを聞いてもらうには、つまり耳を貸そうという気にさせるには、必要な情報だけを言っても、実は効果が薄く、望んだ結果（傘を持って行く）を引き起こすことができません。

会話のほとんどの部分が、伝えたい情報ではなく**「思考」への効果**に関わるのは、愛の告白でも同じです。相手のことが好きだと初めて知らせる場合、「好き」と言うだけでいいのでしょうか。それで用が足りるのは、すでにお互いがその感情を共有できている場合でしょう。初めて伝える相手には、その気持ちがどれほど強いかをわかってもらうために、相手の好きな場所や料理を調べて、デートコースを考えるでしょう。伝えるための表現の選びかたにも工夫を凝らすはずです。プレゼントを渡すために、渡す場所やシチュエーションを考え、ラッピングにも気を配ります。告白も、デートも、プレゼントも、中身だけでなく、その順番や演出のしかたで全く効果が違うからです。

会話もそうです。中身＝情報が伝わるのが大事なら、それだけを言うほうが誤解も少なそうです。しかし、実はそれでは相手の心に響かず、聞く耳さえ持ってもらえない、耳も心も塞いでしまう可能性すらあります。おこづかいをもらうために、お母さんか誰かに向かって「カネちょうだい！」とだけ叫んでも、せいぜい「私もほしいわ！」くらいの反応しか返ってこないでしょう。しかし、小学生にして言語のプロであるすべての日本人は、最近の話題のゲームがどんなに面白いか、それが友達との友情にとっていかに大切か語った後で、自分も家にあったらいかに明るい未来が待っているかを語り、そのためには資金が必要だという核心は、余分な付け足しのようにこっそりと言い添えるでしょう。

「良いニュースと悪いニュース、どちらから聞きたいですか」というのも、そういった感情への配慮だと言えます。勘違いが起きないよう簡潔にひと言だけ「あなたはガンで余命1年です」と核心となる単語だけ並べればいいのでしょうか。そのような言いかたをしたら、その後の治療を説明しても、耳にも心にも言葉が届かない場合を予想できます。

「驚かないで聞いてください……」は、すでに良くない情報が来ることを予測させ、心構えさせる効果があります。ショックを与えないためには、「治療法がありますし、すぐに始めれば治る可能性も高くなりますので……」のように、核心に迫りながら、希望も失わせないよう語りかけるでしょう。それは優しさでもあり、その後の会話を続けるために必要な戦略でもあるはずです。

このようにみてくると、日常会話のほとんどの部分は情報伝達ではなく、聞き手の感情に配慮した言葉が大半を占めている、とわかるはずです。**日常会話のほとんどの部分で、私たちは相手の「思考」に働きかけています。**

情報伝達とは、素敵なお店を教えてもらったり、台風の到達時間や交通渋滞といった有用な未知の情報を伝達したりする行為です。

あいさつとしての「おはよう」は、「今は時間が早い」という情報伝達ではなく、自分が相手の存在を認めることを伝え、相手にもこちらの存在を認めるよう促す働きがあります。これは、誰かの意見に反対や変更を求めるとき、まず相手の立場に理解を示し、尊重をすることで、こちらにも耳を傾けてもらう余地を作り出すことと同じでしょう。そこでは、相手の心の内を慮《おもんぱか》ることで、自分の思いを実現しようとしています。

あいさつはポエムである

ふだん、私たちは言葉がどんな効果をおよぼすかを自覚せずに言語行為をしています。きちんと理解していなくても、経験からなんとなくわかっています。このことから見ていきましょう。もし自分しかいない部屋に、誰かが来て、無言で席に着いたら、みなさんはどう感じますか。かなり離れていたとしても、なんだか居心地が悪くなるでしょう。あいさつは、「私はあなたの存在を受け入れる」という意思表示の働きを担っています。

だから、あいさつは「おはよう」（＝早いですね）や「いい朝ですね」ではなくとも、「髪型変えたんですね！」でもいいのは、そういった発言が「私はあなたがいることを認知しました」という客観的な知覚に加えて、友好や好意を示すからです。それは、相手の機嫌を良くしようとする働きかけです。

このように、日常会話は情報伝達よりも**〈情動への効果〉**に重点が置かれます。それは人間社会とは、日常が人間どうしのやりとりで構成され、人間の住まう世界とは単に物理的な世界だけではなく、そこには心理的な世界が果てしなく広がっているからです。

それは、真夏の白い雲を見ただけでワクワクする感覚や、「リンゴを思い浮かべないでください」と聞くだけでリンゴのイメージがいやおうなく湧き起こる感覚と同じです。この心理的な働きこそ、情動主義が明らかにした言語の**「呪術」**です。なぜなら、まるで**魔法のように**、影響を及ぼしたい誰かの心や行動に、直接に物理的に働きかけなくても、離れたところから言葉で直接の影響を引き起こし、**現実に作用する**ことができるからです。この働きを濃縮しているのが、日本なら俳句のようなポエムです。

この点で、あいさつにもポエムと同じ効果があり、だからこそ上機嫌にあいさつすることが日常会話では不可欠なのです。

日本の有名な詩人に松尾芭蕉がいます。物語のように言葉をたくさん使わなくとも、彼の有名な俳句「古池や蛙飛び込む水の音」から、木々に囲まれた静かな池にカエルが飛び込んで音が一面に広がるイメージを思い浮かべることができます。

その効果は、池や蛙についての情報をわかりやすく伝えることではありません。その効果は、驚くほど静かな自然と、その静かさを破りながらも引き立てるたった一度の水の音が対比されること、そしてそれによって静まりかえった自然が実は躍動感に溢れていることに気づかせてくれることです。しかも、自然の計り知れない広がりとその中にいる自分の小ささ、その自然との一体感も、同時に一瞬にして感じさせる働きがあります。誰もこんなことはふだん考えもしないでしょう。

それを一挙に悟らせるように心に劇的な変化をもたらすことこそ、ポエムの効果です。

「怒る人」も伝達より感情優先

効果ということでは、物静かに叱ったり諭《さと》したりする場合と、キンキン声や大声で怒る場合を比較してみてください。「やってはいけません」と伝える内容は同じでも、反応が全然違うはずです。聞き手に与えられるイメージや感情がまったく異なるからです。目の前の人に言いたいことがあるなら、声を落とそうとも張り上げようとも、内容に違いは出ないはずです。違いがあるとすれば、大声を出すことは、話し手が内容を伝えることではなく、自分の感情をコントロールできず、感情を爆発させ、それによって逆に相手を自分の思い通りにコントロールしようとしている点です。

感情を抑えられず大声で怒鳴る人は、相手を支配したいと自覚しているとは限りません。しかしその効果として、受け手は萎縮してしまい、その災難をやり過ごすために、あえて何も言わない方法を選ぶでしょう。このとき受け手は、無言のうちに言葉の暴力に屈しています。このことが半ば無意識にわかっているからこそ、話し手には、目の前の人に対して声を張り上げる行為が意味をもつわけです。

また早口で話すことには、自分の思考は素早いことを示そうとしたいか、相手に話しかける時間を節約したいと思わせる効果があるでしょう。これは情報伝達に重きが置かれていないことの明確な証拠だと思います。伝達が重要なら、時間を節約するためにこそ、一度で伝わるように明晰《めいせき》にゆっくり話すはずだからです。早口は、相手の感情よりも、自分の感情を優先し、しかも相手の「思考」をコントロールしたいという欲求の表れだと言えます。

気づかいが「疲れる」理由

気をつかいすぎると疲れます。会話は疲れます。このことも、**情報の交換と同じく思いやりの交換が最も注意しないといけないポイントの一つ**だという事実を示しています。

なぜ、情報交換ではないコミュニケーションは「疲れる」のでしょうか？

情報交換としてのコミュニケーションには客観的な「正解」があります。話し手は真実・事実を話すという大前提のもと、聞き手はその言葉が正解か確かめることができます。

これに対して、日常会話に客観的な正解はありません。日常会話は、正解のない世界で相手の主観的な「正解」を探る必要があります。いわゆる「気づかい」がこれです。これは客観的な正解を理解することではなく、お互いの前提をとらえることです。

相手の前提へのアクセスとは、相手の「意図」「期待」「感情」「思考」を読み取ることです。〈こころ〉を読み取ることだと言えます。「この文脈で、相手が言った言葉の意味は、あれじゃなくこれかな？」と考えねばなりません。社会も、言語も、**人と人との間**にできあがります。
このように日常会話は**人と人との間**で読み取られるべき〈こころ〉に「気をつかう」から疲れるのです。

学校や職場で会話するのが面倒くさい人、どうしても疲れてしまう人がいます。そんな人は、友達や同僚、部下や上司を傷つけたくないので、気をつかいすぎ、その人に本音も言いたいことも言えずに我慢するからでしょう。

あるいは、他にも予定や仕事があって時間がないのに、誰かから頼みごとをされると、断るのは悪いと思ってしまいます。毎日の学校や職場でそのように気をつかっていると、「独りになりたい」と思ったり、「自分には本音を言える親友がいない」と思ったりするかもしれません。

そう思いながらも、人はやはり会話を必要とし、相手の気持ちを考えながら会話します。学校や職場で気をつかうので、家に帰ると、気をつかわない会話をしたり態度をとったりして、家族に嫌な思いをさせることもありえます。私たちはふだん気をつかい、本音も言わず、日常の見えない「正解」を探り続けるコミュニケーションに疲れてしまいます。お気づかいはほどほどに。

言葉の役割

3

名づけが〈もの〉を生み出す

共有可能なグループでくくる

言葉には、どれ一つとして同じもののない現実を、誰もが共有できる意味に置き換える**お金のような働き**があります。これは、あいまいな考えや感情を明確にするための言語の役割にもなっています。

人間は、ダイコンやレタス、イチゴのように現実には別々の物でも、「野菜」という同じくくり（これを範疇《はんちゅう》といいます）にグループ分けします。考えや感情についても、「愛」とか「憎しみ」、「善い」「悪い」「正義」「美しさ」のように違いを表す言葉をグループ分けすることによって、考えかたをマッピングできます。そうすると、あいまいだった考えも、どのようなアイディアを基本要素として構成された思考なのかがはっきりします。

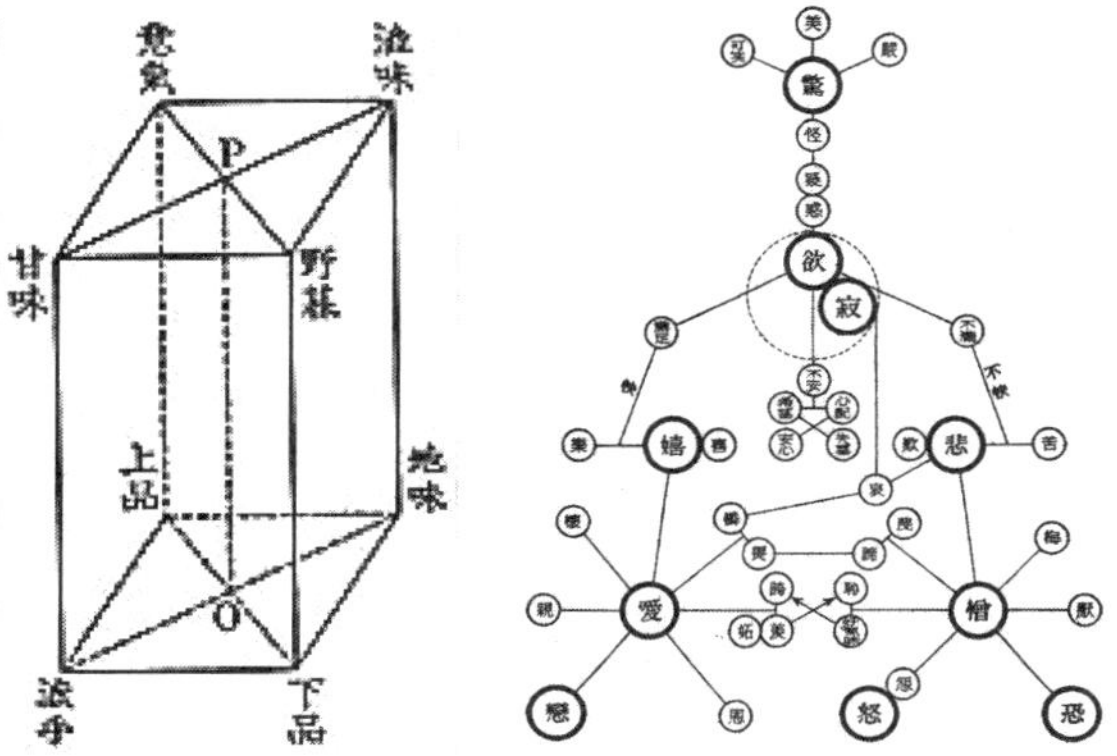

図2.「趣味の直六面体」（左）と「情緒の系譜」（右）
（出典：九鬼周造.「いき」の構造 他二篇. 岩波文庫, 1979.）

「粋《いき》」という言葉を構成する概念

人間の思考や知識は、意味の方向性や性質ごとにくくられた基本的な構成要素を組み合わせる建築のようなものです。考えや感情の違いを表す言葉は、意味の方向性や性質から成る基本要素だと言えるでしょう。そういった要素は、もっと正確には**「概念」**といいます。「好き」の中に「友情」「恋愛」「親子の愛」「郷土愛」などが含まれるように、ある概念は別の概念に含まれていたり、別々の概念が密接な連関の中にあったりします。

たとえば日本の哲学者、九鬼周造《くきしゅうぞう》（1888－1941）は、オシャレやカッコイイといった意味で使われる「いき」が、どのような心理との関係にある概念なのか表すために、立体的にマッピングしました（図2）。

心の非論理的な側面は、それ自体ではしくみや構造が明らかではありません。自分の心でもモヤモヤしてそれが何の感情なのか、はっきりしないことがあります。それでも、心の動きはネットワークのようなしくみや構造の連動として明確な姿にすることができます。

「それって恋じゃない？」と言われたら

言葉によって生まれる感情

言葉はあいまいな塊《かたまり》を明確に描き出す力があります。明確というのは、その「構造」を示せるということです。どうなっているのかわからないモヤッとした塊は、物理でも心理でも、そのできあがり方の筋道が示されると、それがどんな対象なのか見えてきます。何でも構成要素に分解することで、物事は明確になります。

実際、みなさんも言いたいことが言葉にならなくて、モヤッとすることはあるでしょう。

漫画やアニメで、主人公がある人のことを意識せずに目で追っていると、友達が「あの人のこと、気になるの？」と言ってきて、自分の行動の意味にとまどう場面があります。

もっとはっきり、「それって恋じゃないの？」と言われると、主人公は自分で気づかなかった心の動きに「恋」という名前が与えられて恥ずかしくなったり、驚いたりします。自分の感情が「恋」だと名づけられなければ、この段階でもまだ「恥ずかしさ」というもっと具体的な感情も湧き起こることはなかったわけです。

名づけられることで、自分の感情が他人に共有され恥ずかしいと感じているなら、その感情を名づけた友人は、主人公の心に言葉を通して感情の波を引き起こしたことになるでしょう。言葉は本人にさえ気づかなかった心の動きを見えるようにしてくれる、とも言えます。

「存在しない幽霊」を存在させる

自分でも理由のわからない体調不良に悩まされる人がいます。その人の悩みに「うつ」だとか「ストレス」だとか名前がつくことで、本人は気持ちが楽になります。それはまず何より、得体の知れないものは人間に不安をもたらすからです。というのも、名づけた瞬間、恐ろしさは半減します。なぜなら、名づけるということは、グループに分けることですから、その対象を成り立たせる要素や性質を理解することになります。それが得体の知れない体調不良なら、その状態を引き起こしている原因がわかるか、解明できる可能性に近づいたことになります。幽霊なのか自然現象なのか不明なら、怖いかも知れませんが、その現象が分解され、理解されたら、対応のしかたもわかるでしょう。

幽霊もストレスも恋も名づけられると、次のステップに進むことができます。これもまた言葉の効果だと言えます。幽霊の場合、その現象がもっと具体的に名づけられると思考や知識の対象となり、自然科学の研究の対象にする（または、しない）という判断ができます。うつやストレスは、治療の対象になり、治る期待が見えてくるし、社会においてもその意味が明確になり、制度によって救済してもらえます。恋の場合は、それぞれみなさんの感情にお任せします。

あいまいだった考えや感情、出来事が名づけられることで、問題が明確になり、次のステップに進める変化が生じます。「え、これは恋なの？」「でも、友情とは違う気がする」「いや、これは恋じゃなく、ただの知り合いなんだから好意的なだけ」。このように、言葉は対象を浮き彫りにして、まだ明確でないものを絞《しぼ》り込み、そこに注意を向けさせる働きがある、と言えます。これも**対象に直接触らずに現実を変える「呪術」**です。

名づけないと気づけない

ということは、ここである問題が明らかになります。逆に言葉を当てることができない場合、問題に気づかないままになります。名前がないと、私たちはその存在に気づかないのです。ちょっと寒気がするなと思いながら気のせいだと思って放置すると、気づいたときには風邪がひどくなっているように、言葉で光を投げかけて問題を浮き彫りにできないとき、私たちは問題にすら気づかない可能性があります。

たとえば、差別という言葉がなければ、男性中心の社会や奴隷が存在する社会のしくみに疑問も抱かないでしょう。ところが、公正（社会的正義）や自由といった言葉、その反対の意味で差別といった言葉を知った瞬間から、私たちはそれまで疑問視さえしなかった社会の〈ひずみ〉に気づくことができます。

「ノンバイナリー」というレッテル

私たちは、社会からレッテルを貼られることを嫌がります。あの人はこういう人だと枠組みに押し込められると自由がなく窮屈《きゅうくつ》で、イヤですよね。別の自分になりたいと思うでしょう。しかし、人はまた、あなたはこうですよ、と社会から認めてもらいたい存在です。そうでなければ、社会から無視され、見捨てられ、気づかれず、透明になってしまったように感じます。このまま忘れ去られていくという不安を感じるでしょう。だからこそ、その日々の無自覚の不安を安心へともたらしてくれるレッテルを、嫌がりながらも、求めてしまう側面が人間にはあります。

たとえば、ジェンダーという言葉が普及することで、人類社会が抱えていた問題が明確になりました。これも名づけ、レッテル貼り、言語化の効果です。誰からも見えていなかった問題を言語化することで、全ての人が気づく可能性が生じます。なぜなら、言語とは、全ての人が共有できる可能性そのものだからです。

歌手の宇多田ヒカルさんが２０２１年６月26日の夜、インスタライブで自身の性自認を「ノンバイナリー（Ｘジェンダー）」であると告げました。このことで、おそらく一気に「ノンバイナリー（Ｘジェンダー）」という言葉の認知度が上がったと言っていいと思います。

これは、男女とか異性愛・同性愛・両性愛・無性愛といったくくりかた・枠組みづけに違和感を感じる自認をもつ人を指す言葉です。

ジェンダーという言葉で意識されるようになったのは、「一人ひとりの性自認や性的指向は、決められた枠には当てはまらないこともある」ということでした。この意識が、レッテル貼り、言語化によって市民権を得たと言えます。[3] レッテル貼りというと悪いことのように聞こえてしまいますが、このようなポジティブな側面もあります。そして、同じような傾向をもつ人が、なるほど、自分はそういうアイデンティティをもっているのか！　自分は孤独じゃないんだ！　と連帯感をもつことができるようにもなります。

ジェンダーという言葉で意識されるようになった極めて重要な点があります。[4] それは言葉の力とも関わります。すなわち、男女といった性自認や、男の役割とか女の役割、男のイメージ、女のイメージなどといった、ジェンダーは社会によって達成されるものであって、自然に備わっているものではない、ということです。たしかに、生物としてのオス・メスは否定できません。しかし、それは同性愛を不自然なものともしません。たとえば、男性だけで構成される軍隊では、極端に同性愛を拒否し排除しようとします。それは、同性愛を認めることで、軍隊がよりどころとする男性性が崩壊し、ひいては軍隊が崩壊するという不安の表れだと考えられます。ジェンダーという言葉で社会が認知することになったのは、自然なものとされていた男らしさ／女らしささえ、社会によって構成されている現実にすぎないということです。そのような社会的現実を形づくることができるのが言葉の力です。

言葉の〈原動力〉

言葉には、これまで気づかなかった〈何か〉を浮き彫りにし、そこに目を向けさせ、〈ちがい〉を生み出し、未来を切り拓くのに不可欠な推進力、物事をぐっと進める原動力があります。それが言葉の力（force）です。

このような言葉の力によって、人類は科学技術を発展させただけではなく、社会を改善してきました。それは「自由」「公正（＝社会的正義）」といった人間が人間らしく生きる上

3 〝宇多田ヒカルがノンバイナリーを告白、性にまつわる表現〟．pen online. 2021-08-12, 参照 2025-01-18．

4 ジュディス・バトラー．ジェンダー・トラブル．竹村和子訳，青土社，２０１８．

で不可欠な概念です。現代社会は、社会的正義や公正などの言葉が指し示す理念を完全に実現していませんが、その方向の先にどのような状態が目指されるかを、明確に思い描くことができます。そのようなイメージ、あるいはビジョンを与えてくれるのが言葉です。情報操作や人心操作、プロパガンダのように、その力を巧みに利用するなら、社会の〈ひずみ〉に気づかせず、疑問視させないことすらできます。

この言葉の力は、心に明確なイメージを形作る働きです。それは、建設的な方向としては、気づかなかった〈何か〉を明確なイメージにしてくれるのですが、違いに気づかせない方向や誤解させる方向に働くなら非常に厄介《やっかい》なものだとも言えます。言葉の力が由来するところ、そして働きかける先とは、影響を受けやすい私たちの心の〈感じやすさ〉ではないでしょうか。この〈感じやすさ〉は、あまりにも繊細《せんさい》で、それを言葉にしようとするときも、なかなかうまくつかみとれない淡《あわ》くかすかな心の動きです。

言いたいことを言葉にできないとき、モヤモヤする経験が誰にでもあるでしょう。どんな言葉や表現が望ましいか、私も普段から悩んでいます。日本語は自分の母語なのに、どう言うべきか自分でもわからないのは不思議ではないでしょうか。言葉は心に形を与えて明確にする働きがあるのに、自分の心は自分でもすべてを明らかにできないようです。言葉の力が十分に発揮できないとき、言葉には説得力がなく、自分や他人に意味の効果が表れないと言っていいと思います。

そもそも言語が自分自身のアイデンティティであるにもかかわらず、自分が創ったものではなく、生まれ育った社会から引き継ぐものだという事実も関連する重要な点です。

言いたい内容に対して、適切な言葉が見つかったとき、すっきりした気持ちになりますが、少しでもずれていたら、座り心地が悪く感じるでしょう。これは、自分が「リンゴ」という言葉のイメージとずれる物を手にして「リンゴ」と呼ばないといけないとき、つまり言葉の意味がもつイメージと心に思い浮かべるイメージがぴったり合わないときに感じる違和感と同じ種類のモヤモヤ感です。

このような〈ずれ〉を経験できることから、私たちは言葉の意味が目の前の現実の事物や出来事だけではなく、心に思い浮かべるイメージも指し示すことを理解しました。ということは、言葉の意味によってすくいとり、からめとり、浮き上がらせることのできない、明確化の〈手前〉にたたずむイメージや感情、体験の存在に私たちは気づくことができる、と言えるでしょう。

そこで章を改めて、言語化の〈手前〉にあるものについて考えてみましょう。それは、心にイメージを思い浮かべるとか、ある言葉を聞くまでは生じていなかった感情が生まれる、といった現象のことだと思ってください。言葉による表現や言語化に悩む人、誤解に悩む人、個性や自分らしさを求めて悩む人の問題にも光を当てることができる、と私は考えています。

第2章 「言語化」の手前にあるもの

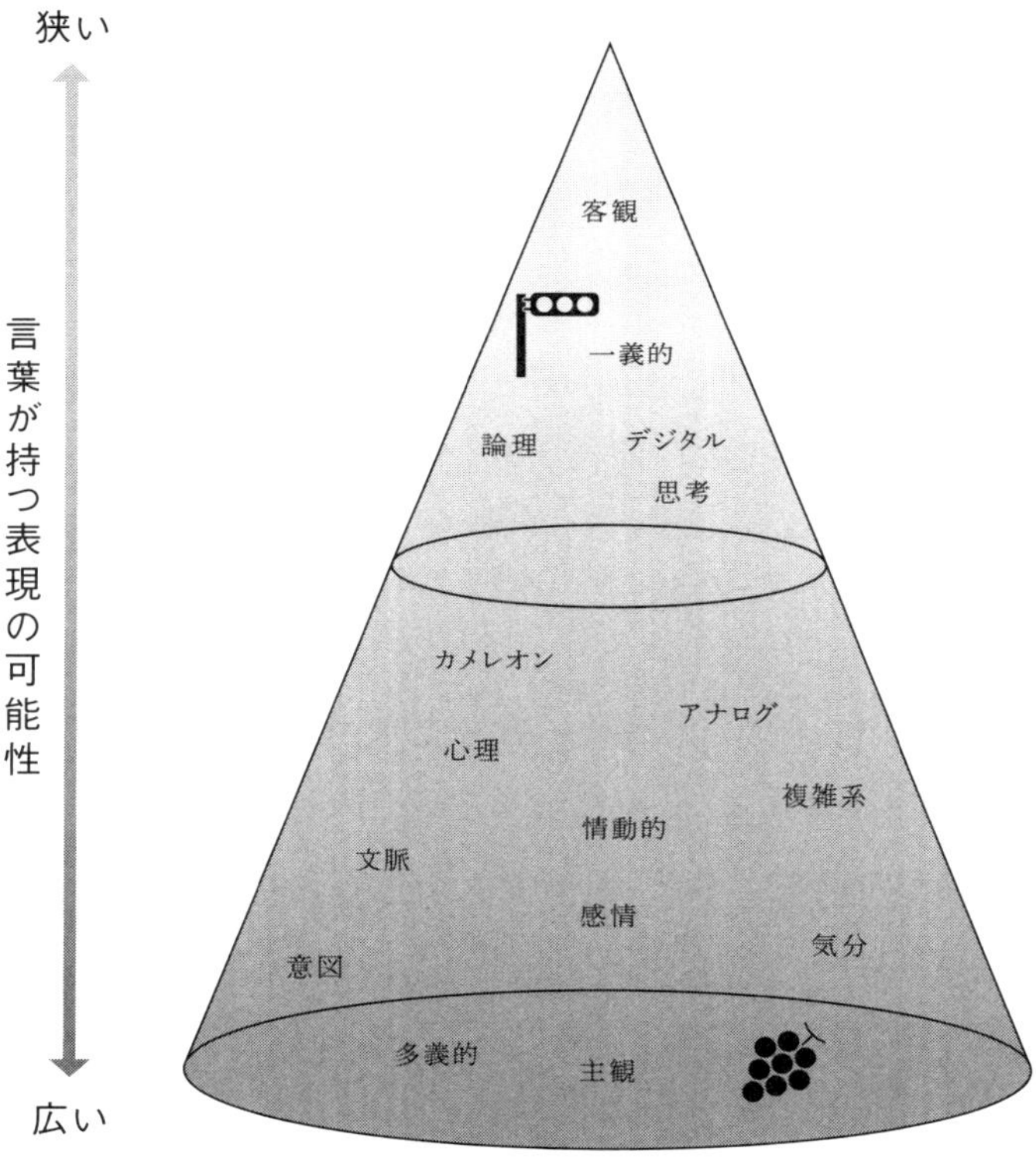

狭い
言葉が持つ表現の可能性
広い
客観
一義的
論理
デジタル
思考
カメレオン
アナログ
心理
複雑系
情動的
文脈
感情
気分
意図
多義的
主観

論理のおおもとに心理がある

知性の裏にある「白衣効果」

知的な人は、感情に左右されないといったイメージがあります。しかし言葉の働きかたを観察すると、「理性や客観」の根底に「感情や主観」が潜《ひそ》んでいることに気づくはずです。

みなさんは、病院で白衣を身にまとい、きびきびと仕事をするお医者さんたちに自ずと信頼感を抱くのではないでしょうか。これは「白衣効果」と言って、白衣じたいは信頼の証ではないのに、その人が専門家であり、ちゃんと仕事する腕のいい人に見えるような効果を与えます。

これは決して思い込みの激しい人だけに作用するものとはかぎりません。またこれは服装だけではなく、言葉づかいでも同じです。何かをしてもらってすぐに「ありがとう」と言う人は、ちゃんと感謝する人のように理解されます。

でも白衣やスーツが「できる人」の証明にならないように、「ありがとう」と口にすることも実は感謝していることの証明にはなりません。私たちは、そのような「現れ」を「中身」に直結して、信頼感なり好意なりの感情（主観）を抱きます。考えるより先に、自分の直感（白衣＝信頼できるお医者さん）を事実（客観）であるかのように過ごしています。それについて考えることも疑うことも、別の可能性を想像することも普段はしません。

「頭より心」は人間の本質である

人は生まれながらに知ることを欲する。これは古代ギリシアの哲学者アリストテレスが、哲学の主著『形而上学』という本の冒頭で述べた言葉です。この言葉は、**人間を人間らしくする要因が、知りたいという欲求にある**ことを示しています。これが人間の本質であるならば、「論理」に先立って知を欲する「感情」が働くということでしょう。アリストテレスは、私たちの「知る」という客観的な働きの根底に「欲する／望む／求める」という欲動を見ぬいた、とも理解できます。

「知的である」「知性を発揮する」といった状態を下から支える根底に、望んだり欲求したりする感情が潜んでいることになります。**心という主観や心理が、知性という客観や論理のおおもとを形作る**、と仮定できそうです。そこから見えてくる景色が、本全体で語ろうとする、言語行為のまき起こす誤解やモヤモヤ感、孤独の問題と共振します。

「よく見せたい」欲が対話を惑わす

「あなたは、私の言ったことを誤解している」「それは違う」と指摘されると、感情的になる人がいます。そういった指摘のほとんどは、発言した人の意図と違うというだけであって、「聞き手が間違っている」「聞き手に理解力がない」という意味ではありません。それなのに、言葉の意味ではなく、自分自身が否定されたと感じるのでしょう。

そのときの感情は、知を求め、知ることを喜び、知を愛する心の動きから遠ざかり、自分自身を求め、自分が権威を持つことを喜び、自分を他人と比べて優れていると思われるのが好きな状態と変わりありません。優れていないと言われて不機嫌になっているようなものだからです。

でも、そこには真理を求める心がない、とは言えません。人間は弱い存在ですから、真理を求めるときに、**心が当初の目的を忘れて**、自分をより良く見せたいという感情の方に動いていく場合もあります。そこはこちらも受け入れたいところですが、そのような感情的な態度をとられると、こちらもイラッとくるかもしれません。

会話でイラッとしないためには、当初の目的へふたたび心を戻すことが近道でしょう。何について話しているのか、何について知ろうとしているのか、という点に注意を向けることです。それが相手へのリスペクトにもなります。

近道は、自分のプライドとか、相手は自分を下に見ているのではないかとか、マウントをとろうとしているのではないか、と疑うことではありません。

これは、自分に対しても応用すべきでしょう。自分は、当初の目的に沿う話をしているのか、自分をよく見せようとする話にすり替えていないか、と心がける必要があることになります。もともと心の向かっていたところへふたたび心をこらすことで、感情に振り回されそうになる心は、互いを対等としてともに真実を求めようとする姿勢をとり戻すものです。論理のおおもとの〈心〉がズレると、対話はうまくいきません。

〈オトナ〉の知の前提は〈こども〉の欲求

真実を求める気持ちは、どういった種類の心の状態だと言えるでしょうか。それは一種の「欲求」ですから、理性や論理、客観とは違います。もっと情動的です。動物や自動車の図鑑、あるいは好きなアニメや動画を前にして、その世界に入り込んでいる〈こども〉のように、その心は知ることの喜びで満たされているでしょう。

アリストテレスの言う「知りたい」という欲求は、〈こども〉らしい「好き」という気持ち、つまり好奇心と重なりあう感情だといえると思います。

知りたいと強く思うときの「希求」が、物欲のような欲求であっても、自分を良く見せたいという欲求であっても、他者の尊重という愛のありかたであっても、それが心の動きであるという点で違いはありません。

何かを正しく知ることは、知的であること、知性を働かせることです。これを私たちは客観的で論理的、理性的であると考えます。しかしその〈オトナ〉の前提条件には、〈こども〉のような心の動き（情動）という主観が隠れている点に、私は注意を向けたいと思います。

私たちが、真に心を交わす対話を目指すなら、**知の前提になる心の動き**に目を向ける必要があります。私たちが知的であろうとし、理性的であろうとし、あるいは客観的であろうとするときに押さえ込まれているのは、私たちの感情、情緒あるいは主観の側面です。知的好奇心に溢れ、ワクワク感を大事にする〈こども〉の心のようなものです。

しかしその〈こども〉は、ときに暴走したり、押さえが利かなくなったりすることもあります。私たちは〈オトナ〉であろうとするために、自分自身の内なる永遠の〈こども〉を押さえつけ、隠してしまい、コントロールしようとしています。前の章では、よそ向きの〈オトナ〉な表現として、言語の記号的な面に目を向けました。そこで次に、内なる永遠の〈こども〉として感情の側面をとらえ直してみたいと思います。

知的な大人は「こども」みたいだ

こども心はいつも小さくなっている

理性という〈オトナ〉の側面によって押さえ込まれた内なる〈こども〉は、ときには外へと飛び出してきます。私たちは、日頃から、感情をあらわにしてはいけない、と習います。感情の「飛び出し注意」が、道路標識のように社会の道筋の至るところに掲げられていて、どうにか感情を押さえ込もうとしています。それでも、自分の内なる〈こども心〉は、あくなき知的好奇心を他人のプライベートに向けて、踏み込んではいけない他人の心に土足で入り込んだり、感情を優先して、理性の側面をないがしろにしてしまったり、暴走することがあります。私の感情が暴走しそうになったら、かんしゃくを起こしやすい〈こども〉の側面をなだめたり、叱ったり、諭したりする役割を理性が担い、影響力を行使する立場に立つわけです。理性をすり抜ける内なる〈こども〉には、暴れ出す野生児の側面もあれば、非常に繊細で傷つきやすく、感じやすい側面もあります。

このような心の情緒的な側面は、理性的な側面に押さえつけられて、その前提として心の深みに潜んでいるので、ふだんはあまり目立ちません。むしろ理性によってコントロールできる野生的で原始的な側面であり、知的な洗練によって野蛮《やばん》な状態から文化的で〈オトナ〉の理性へと育て上げなければならない対象だと思われているでしょう。ところが、そのような〈こども〉らしさこそ、あらゆる好奇心の根本であり、喜びに満ちた〈生〉を生き生きと送るため人間にもとから備わった基盤です。

たとえば自社の社長とたまたまエレベーターで一緒になったり、英語で一生懸命話しているときにネイティブスピーカーに「何？」と聞き返されたり。私たちが誰かと対話する自信がないときに、小さくなって固まって動きが取れなくなってしまうのは、内なる〈こども〉ではないでしょうか。その側面に、自由自在に動き回るためのオモチャの乗り物を与えることができれば、その本来の生き生きとした姿を表すことができるかもしれません。

また逆に、その自由自在な〈こども〉らしさが奪い去られたり、押さえ込まれたりしているなら、心の中に自由自在に遊べる場を創り出し、オモチャを与え、遊び方やオモチャのしくみがわかれば、不自由さを打ち破ることができるでしょう。それは自分の内なる〈こども心〉に自由に動ける翼を与えるということです。

この〈こども心〉は、言葉の二つの本質的な働きのうちの**感情や情緒、情動の働き**と重なります。言葉にある理性的で論理的、客観的な側面ではなく、感性的で感情的、主観的な側面に活躍の場を与えることで、私たちは生きることの喜びや活力に変化を起こすことが可能です。ひいては理性も力を発揮できるでしょう。

人間は理性的？　悪い冗談はやめてくれ

多くの場合、「人は知ることを欲する」という表現のうち、「知る」という理性的で論理的、客観的な〈オトナ〉の側面が注目されます。後半部分の「欲する」という感性的で感情的、主観的な〈こども〉らしさは、そこまで重要視されないようです。そのことは、アリストテレスがこの言葉をもっと厳密に定義の形式で「人間は理性的な動物である」と言い換えたことにも表れています。理性が使えるというのは、古代ギリシアでは数学や論理学ができ、その上で哲学ができることです。でも、後半の「動物である」という部分、すなわち野蛮で野生的、原始的、あるいは感性的で感情的、主観的な面はどうでしょうか。その一面はできるかぎり見えなくされる運命をたどります。

たとえば、近代哲学の創始者であるデカルトは、「良識（＝理性）はこの世で最も公平に分配されているものである」と述べました。これは、ヨーロッパ以外の人間もまた等しく人間であることを明確にし、人類を公平に扱う普遍的な視野を開く言葉として貴重です。この言葉はアリストテレスの「人間は理性的な動物である」という表現から「動物である」側面を完全に消し去って、「理性」にのみ着目する発言です。しかし動物的で、非理性的、感情的な側面も、人間の本質ではないのでしょうか。

20世紀フランスの哲学者ドゥルーズは、デカルトのこの言葉を「古い冗談だ」と言います。人間はたしかに可能性としては知性と思考力をもっているけれども、それを使いこなしているかというと、事実上、そうだとは言えない、ということでしょう。実際、21世紀の世界を見まわすなら、現在進行形で、世界は紛争を経験し、目を背けたくなる悲惨《ひさん》さを見せています。人間が「良識（＝理性）」をもって行動しているというのは、もはや悪い冗談に思えるほどです。

20世紀の世界の悲惨さを象徴する第二次世界大戦では、言葉が人々を「良識」の反対である非理性へと駆り立てるように使われました。そのことを念頭に、20世紀に活躍した日本の哲学者・井筒俊彦《いづつとしひこ》[1]もまた、人間らしさを理性のみに着目したデカルトの言葉を否定しています。

呪術はむしろ自発的な、純粋に自然な活動であり、人間が本来必要とするものに直接起因すると思われる。

——井筒俊彦. 言語と呪術. 慶應義塾大学出版会. 2018, p. 65.

井筒は、人間にもっとも普遍的に共通するのは理性ではなく呪術である、と考えます。井筒の言う「呪術」とは、宗教的な儀式や呪いの儀式ではなく、言葉の力（force）を発動して心に働きかけ、心の動きを操作することです。

1　井筒俊彦（1914〜1993）は日本の言語学者、言語哲学者。イスラーム思想や東洋思想の研究、日本で初めてアラビア語からコーランを翻訳したことで名高い。30以上の言語を使いこなし、前人未踏の業績を残す。神秘主義に関わる世界各地の知の巨頭が集うエラノス会議に、鈴木大拙に続く二人目の日本人として招待された。

野生的な「感じやすさ」は見えないことにされている

私たちは自然に何かにすがります。試験のとき、幸運を願わない人はいないでしょう。幸運を願うことが、神社に行ってお参りしたり、お守りを握ったりすることより理性的だと思うのは、自分だけを特別視するようなものです。

あるいは試験の直前に、お前なんかダメだ、落ちるぞ、と言われれば、気分は良くないでしょう。何かにすがりたい気持ちになるのも、よくないことを言われると不愉快になるのも、どちらも理性ではなく感情の問題です。**この感情という、心のひだの奥深くにしまい込まれた野生が呪術の領域です。**この野生は、決して力強いという意味ではなく、扱うのに注意が必要な〈感じやすさ〉を特徴としています。

感情的な効果はさまざまな面をもちます。生き生きとした喜びや新しいことを知る楽しさ、好奇心に満ちた〈こども〉らしさと関わるだけではありません。ダダをこねたり、かんしゃくを起こしたりする〈こども〉らしさもそうです。そういった感情の爆発によって他人に心理的効果、支配力を及ぼそうとする意志もそうです。

そういった心の動きはふだん、洗練された理性的な〈オトナ〉の振る舞いのかげでまどろみ目立ちません。心の呪術的な側面である〈感じやすさ〉は、影響されやすいのに、目立たず気づきにくいため、ストレスの悪影響に気づくのが遅れたり、悪用されたりしやすいのです。

現代社会を生き抜くために、〈こども〉の領域にも目を向ける

「知りたい」という意志は、現代の問題からも考えることができます。真実を解明する科学のポジティブな側面によって、社会は豊かになり、哲学や法律が社会的な正義を実現しようとして社会が改善されてきました。その根底には、真実を求める人間の本性がある、といえるでしょう。

真理を求める姿の典型は、ほんとうのことが知りたい〈オトナ〉たちが、まるで〈こども〉のように、共通の問題をめぐる〈対話〉に入り込んでいるような光景として描かれます。哲学の誕生した古代ギリシアでは、アリストテレスの師匠であるプラトンが、「対話篇」と呼ばれる会話形式で、そのような哲学書を書き残しました。それは、〈対話〉を通して人としてのありかたや知恵を身につけてゆく〈哲学〉の原風景だといえます。〈対話〉に、人を人として成長させる場です。感情をコントロールできない〈こども〉を、抑制の利いた節度ある〈ひと〉へ成長させます。

心の呪術的な側面は、野生の強さをもつようでいて、壊れやすく敏感な心の〈感じやすさ〉の領域にあります。主観の領域です。

そこは言葉の力が発動するゆるやかな場であり、私たちが言葉の働きを知るには、このゆるやかな場に潜り込む必要があります。そのとき初めて、人間はデカルトが語る「良識」をもっていると思いなす安全地帯にとどまらず、もっと人間の複雑で多様な側面を目《ま》の当たりにすると思います。言葉の呪術的な側面は現代社会を生き抜くために必要であり、人間とはいかなる存在かを知るためにも、クリエイティブな仕事を行うためにも必要な視点です。

しかし聞き手は、主観と切り離せない意図や思考、感情を「こころ」として読み込むからこそ、話し手が想定していない意味をくみとる場合がありえ、これが不安の理由にもなります。

どういうことでしょうか?

第3章 あいまいさが生む言葉の本質

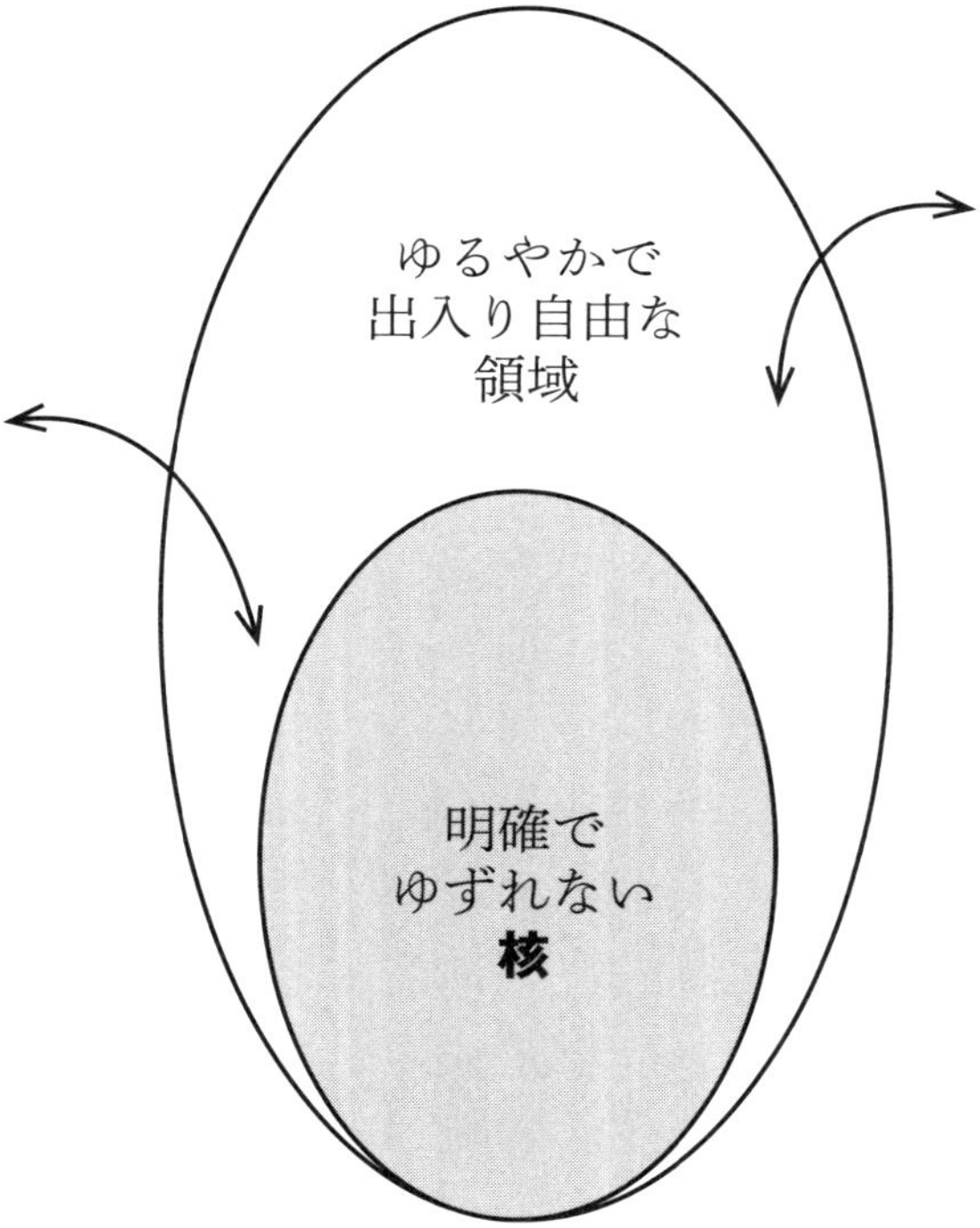

言葉の意味をつくる要素は
たえず変化している

言葉の「黄身《きみ》」と言葉の「白身《しろみ》」

言葉のあいまいさが誤解もクリエイティビティも生む

私たちは言葉で何かを伝えると、後から思い違いがわかって困ったり笑ったりします。だからこそ、誰もが自分の言ったことは伝わっているのか不安になるのだと思います。

言葉は情報を伝えるとともに、誤解も引き起こします。人間どうしがわかりあえるのも、わかりあえないのも当然です。わかりあうには言語が不可欠ですが、その言語がそもそもあいまいであることを本質としているからです。

そうなると、言葉は便利でもあるけど、不便なようにも思えます。それは言葉が不完全だということでしょうか。実際、人類は昔から完全な言語を探し求め、作り出そうとしてきました。

私たちは日本語を使います。でも、一度として完全に同じ言葉のつなげかたで会話する人を聞いたことがないはずです。これはどの言語でもそうでしょう。私たちは同じ言語を使って、無限に異なる表現を生み出しています。言語はこのような創造性を本質としています。[1]

そこで、この章では、誤解の生じる場こそ、新しい考えかたが生み出される場であり、そこにこそ言語がつねに無限にクリエイティブである理由がある、ということを説明したいと思います。

キーワードは、言葉の「意味」の働きです。

言葉の意味は「核」+「ゆるやかな領域」

言葉の意味を成り立たせる基礎的なレシピとは何でしょうか。「このお茶は香りが奥ゆかしいね」「今日は暑いですね」のように、一つの文が全体で作り出す意味もあります。わたしたちは「お」「茶」「香り」など、文を構成する各部分（単語や表現）にも特定の意味を感じとります。

言葉の意味には、人が勝手に変更できないレシピがあります。〈ゆずれなさ〉として誰もが認識できる部分があると言ってもいいでしょう。「良い」「好き」「明るい」はポジティブな要素、「悪い」「嫌い」「暗い」にはネガティブな要素が含まれるように、あるいは「良い」があれば「悪い」があり、「好き」があれば「嫌い」があるように、言葉は反対の意味をただちに思い起こさせ、そこには越境できない範囲があるように見えます。

このように言葉の意味には誰かが勝手に変更できない〈ゆずれなさ〉、あるいは〈侵しがたさ〉があります。

しかし言葉には一方で、みりんの代わりに砂糖を入れるような、ちょっとしたアレンジを許すような〈変更可能な部分〉、あるいは〈立ち入りできる部分〉もあります。もしかすると「嫌い」には、「好き（だからかまってほしいのにかまってくれないから嫌い）」という意味が含まれていることがあるかもしれません（図3）。

1 現代言語学の創始者であるドイツのカール・ヴィルヘルム・フォン・フンボルト（1767-1835）も、20世紀に革命的な言語学を創始したアメリカのエイヴラム・ノーム・チョムスキー（1928-）もそのように考えます。

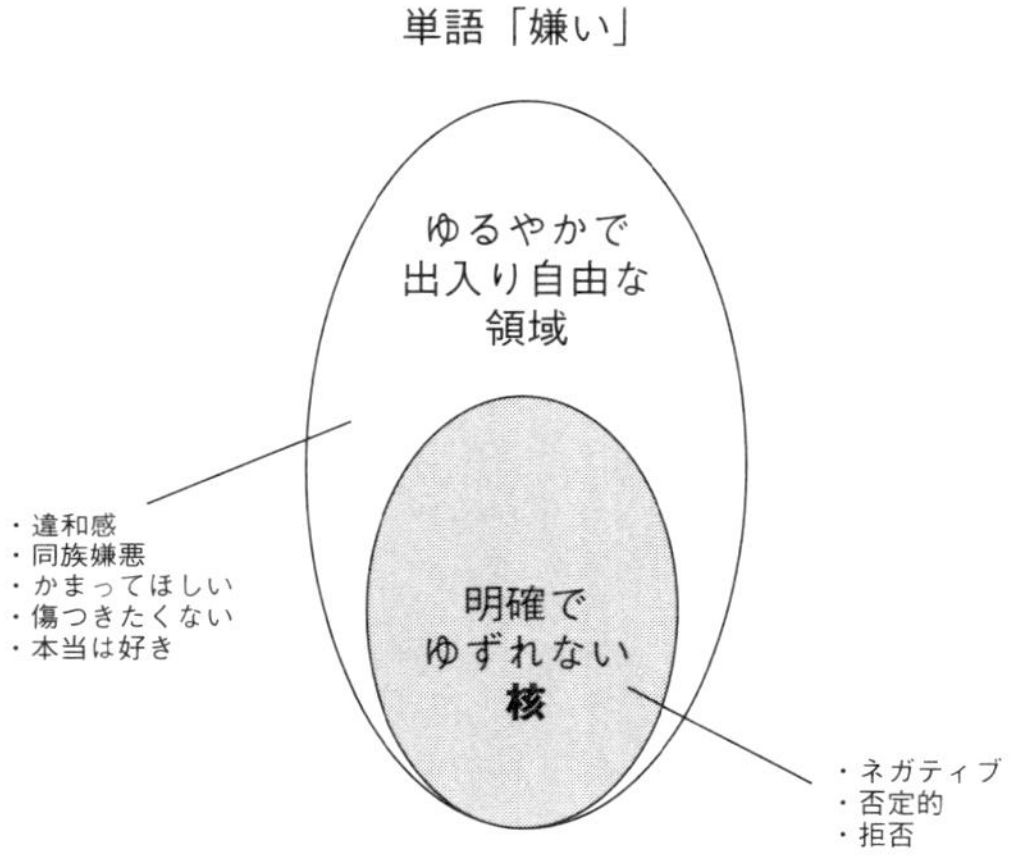

図3.単語「嫌い」の意味

卵の黄身と白身、もしくはブドウの固い種とやわらかい実の部分を想像してみてください。言葉は、この黄身（核）と白身（ゆるやかな領域）でできており、黄身と白身を構成する要素は、絶えず変化を繰り返す細胞のようです。

言語化に際して生じる困難というのは、「概念」のしくみと関わっています。何かを言いたいとき、その言葉が指し示す概念の枠組みから〈何か〉（白身の部分でしょう）がこぼれ落ちるので、その伝えたい〈何か〉が相手に届かないのです。

「概念」というと、なんだか小難しく感じるかもしれませんが、「概念」は「愛」とか

「友情」、「好き／嫌い」といった感情の問題と切り離せないのです。では「愛」とは何でしょうか。「概念」の概念をとらえてみましょう。

概念の変化：愛には、憎しみと区別のつかない瞬間がある

サルトルが拡張する「愛」の概念

①愛する、②愛されたい、③愛されたいと思われたい

言葉のゆるやかな領域、「出入り自由なエリア」を利用したのがサルトルです。

一方〈愛する人〉は、他方〈自分が愛している相手〉から愛してもらいたいと思っているにもかかわらず、「愛するとは愛されたいと思うことである」ということに気がつかないし、したがってまた、「他方から愛してもらいたいと思うことによって、こ

ちらが欲しているのは、実は、他方がこちらから愛してもらいたいと思うようになることである」ということに気がつかない。

――ジャン＝ポール・サルトル『存在と無』人文書院，p.730

わかりやすいように、愛する人を〈私〉、自分が愛している相手を〈あなた〉としてみましょう。「〈私〉は〈あなた〉を愛する」を愛の【ステップ1】としておきます。ところが、この【ステップ1】をくわしく見ると、奇妙なねじれに気づきます。「〈私〉が〈あなた〉を愛する」は、「〈あなた〉が〈私〉を愛する」という私の望みを言い換えた文だと言えます（無償の愛は別ですが）。「私は愛する」の裏側には「私を愛して欲しい」が隠れている、というのが、サルトルの指摘です。

誰かを愛する人は、その誰かから愛される人でありたいと望みます。もし「自分はその人を愛したいだけであり、その人から愛されなくてもよい」と考えるとしても、本来であれば愛されたい、愛されるのを拒むことはない。「愛する」は「愛されたい」を含んでいる。そうサルトルは考えます。

【ステップ1】の「愛する」は、ストレートな心の動きに見えました。しかし、この思

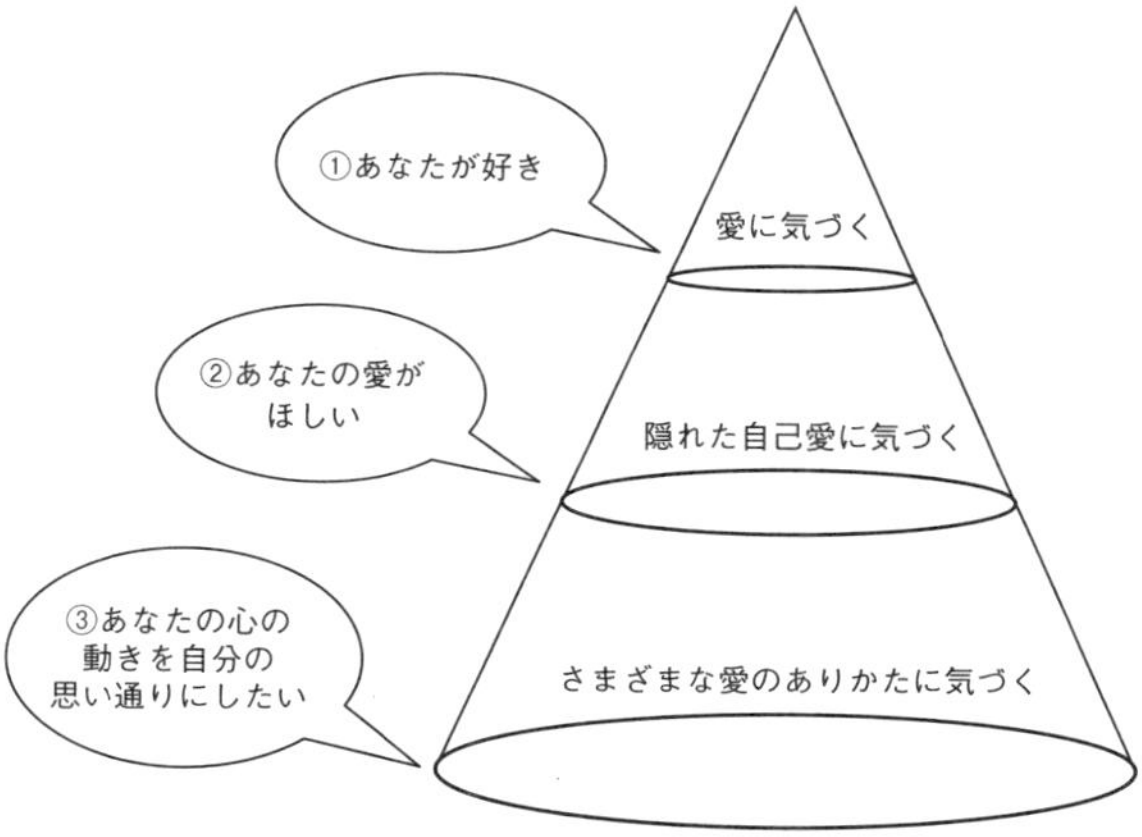

図4．サルトルが拡張した愛の概念（ステップ1〜3）

いの中には、「愛されたい」という思いが潜んでいます。「〈私〉は〈あなた〉から愛されたい」を愛の【ステップ2】としておきましょう。これはわかりやすいことのようですが、言われなければ見過ごしがちです。しかし、サルトルが本領を発揮するのはこのあとです。

「愛する」という【ステップ1】も、「愛されたい」という【ステップ2】も、〈私〉の思いにとどまっています。ところがサルトルは〈私〉の愛は〈私〉の範囲を超えて、〈あなた〉の思いに積極的に関わる【ステップ3】を描き出します。というのも、〈私〉が愛するは、〈私〉が「愛されたい」を通り越して、〈あなた〉が〈私〉から「愛されたい」と思うようになってはじめて、〈私〉の思いがかなうからです（図4）。

サルトルによると、〈私〉が〈あなた〉を愛するとき、〈私〉が望むのは、〈あなた〉が〈私〉から「愛されたい」と思うことです。愛する人は、愛される人が「愛されたい」へと思いを変えることを求めます。これは、〈私〉が〈あなた〉の思いを自分の思い通りにしたいというのと変わりません。これは愛という感情にとって自然でしょう。

ですが、よく考えると、これは驚くべきことであり、恐ろしいことでもあります。〈私〉がほんとうに〈あなた〉を愛しているなら、〈あなた〉の望むとおりにことが運ぶことを〈私〉は喜ぶはずです。だから、〈私〉の思いどおりになってほしいというのは、愛ではなく、〈私〉のわがままだ、と私たちは理解するでしょう。にもかかわらず、実際に誰かを愛するとき、その相手の思いが自分の思いどおりになる（＝こちらのことを好きになる）ことで自分は幸福になる、という奇妙な出来事になってしまっているのです。

愛とは「奴隷化」でもある

サルトルは、相手の心の動きを自分の思いどおりにしたいというのは、自由であるはずの相手の心の動きを、思いどおりに変えたいと思うことだ、と述べています。人間には、誰でも自分の考えを、誰が何（あるいは誰）をどう思おうとかまわないという自由があるはずです。ですので、他人の心の動きを左右して、自分の思いどおりにしようとするのは、他人の自由を奪うのに等しい行動です。とりわけ誰を好きになるかは、誰も強制することができません。ですから、誰を好きになるかを他人が決めて、その通りになるよう相手の意志を方向づけ、形づくるというのは、相手の自由を奪うことと変わりません。

サルトルは、自由を奪うことを奴隷化と呼び、愛とは愛という自由な心の動きによって相手を奴隷化することでもある、という驚くべき要素を中核にしていることを描きだしたのです。

他人の自由を奪うことは、人が人に行う最悪の行為です。愛という最善の行為の中に、まるで最悪の行為に等しいありさまを発見することで、サルトルは「愛」という概念に新たな物の見かたをつけ加えました。

これは親子愛にも言えます。親が子どもに注《そそ》ぐ愛は、見返りを求めない愛だと言われます。しかし、子どものためを思って、物心つく頃から学習塾や習い事をさせることが、どの子どもにとっても幸せとは限りません。

親心としては、自分が小さい頃からピアノをしていたら良かったのにと思うからこそ、自分の子どもがピアノは好きじゃないと言っても、「後で役に立つし、やっておいて良かったと思うから続けなさい」と強制するかもしれません。でも、ピアノではなくサッカーをやりたい、漫画を描きたい子どもにとって、それをストレートに愛と受け取るのは簡単ではありません。少なくとも強制ではなく、本当にやりたいことができる状況を作り、選択肢を与えるほうが愛にかなっていると思います。

愛するあまり、良かれと思ってすることが、愛とは逆の効果（相手には負担）になる場合がよくあります。それはまるで自分の心をコントロールするように、相手の情動に強く働きかけるからです。サルトルは、このような心の動き（ステップ1〜3）を分析することで、愛とはそもそも、愛の反対とでも言いたくなるような効果を伴っていることを鮮やかに描き、愛の概念を深めることに成功しました。

このアプローチによって、「愛」という言葉は、それまでとは異なる新たな意味を宿すよう使用され、それまでなら「愛」の範囲に入ると思われなかった心の動きをも描ける可能性をもつようになりました。これは、卵の白身にたとえた言葉の意味の要素が絶えず変化していることの一例です。

「愛」の概念をめぐるサルトルのやりかたや考えかたには同意できなくとも、概念の操作そのものが有効であることには同意できると思います。サルトルは、心の分析をしたと見ることもできますが、**「愛」という言葉が指す領域を拡張した**と見ることもできるからです。

言葉をクリエイティブに使うとは？

サルトルは、言葉を巧みに用いて新しい物の見かたや考えかたをクリエイトするとはどういうことか、重要なヒントを与えてくれます。では、サルトルの思考実験から、私たちは何をくみとることができるでしょうか。

指し示したい現実がいつも違うために、そのつど違う言葉を必要としたら、無限に言葉を生み出さなければなりません。それでは効率が悪いですね。だから、一つの言葉を異なる状態や関係性に使えるわけです。とはいえ、それにも限度があります。つまり、飛び越えてはいけない範囲があります。

つらい経験をさせることも愛だからといって、家庭内暴力（DV）はいかなる愛の形でもありません。そういった〈違い〉があることを、私たちは疑いません。それは、「しつけ」と「暴力」との〈あいだ〉に、あるいは「あそび」と「いじめ」「嫌がらせ」との〈あいだ〉に、越えてはならない〈違い〉を見ようとするからです。

相手が「愛」や「暴力」といった言葉で何を言おうとしているのか、聞き手は思い浮かべることができるはずです。ただ、何か違和感が心をよぎったら、**その言葉はどんな素材を組み合わせているのか、ちょっと確かめる必要がある**、ということです。

卵の黄身（核）や、自分の知っている内容だけでなく、相手がその言葉のゆるやかな領域（白身）に何を含ませているか、ということに思いを馳《は》せるということです。これは、会話を中断したり、邪魔したりするものではなく、ちゃんと聞いていています、わかろうとしていています、というリスペクトの表明にもなります。

相手に伝わる言葉の選びや表現ができるようになるには、こういった意味の限度や範囲、要素に敏感になることから始める必要があるでしょう。

さらに、言葉の意味は、自分が使っているさなかでも、壊れやすく移ろいやすいことにも注意する必要があります。どういうことでしょうか。

私たちは言葉の意味の真相をまだ知らない

私たちは、ついつい意味と音との結びつきが固定的だと思いがちです。とくに意味は、特定の単語にもとから備わっていて、その単語からA＝Bといったように自動的に意味を理解する、と思い込んでいます。

でも、日常の言語ではその場ごとに〈意味のまとまり〉が必要な意味を表に出してくるのです。カメレオンが、自分のいる場所に合わせて、色を変えるように。「花」は文脈によって「花束」であり、「桜」であり、「華やかな人」であるように。

言葉の意味はかわりばんこに出てくる

言語は、単語を文法でつなげます。しかしその文法とは無関係に、単語どうしがネットワーク、〈意味のまとまり〉を作っています。

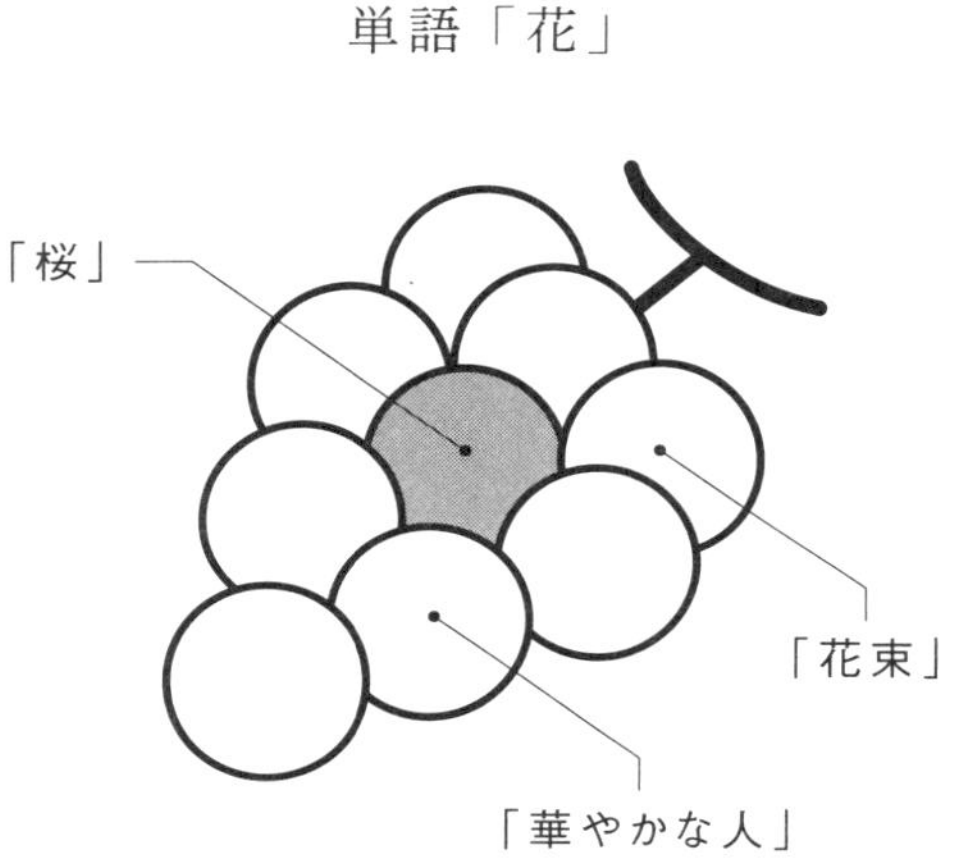

図5．単語の意味は、要素の集まり

〈意味のまとまり〉は、パズルのピースのように平板ではなく、**ブドウの房（クラスター）のような要素の集まり**です。ただし、ブドウの場合は、いつもその全体像を手に取ることができますが、意味の場合は、話されるさいに「ブドウの房」のなかから文脈に合わせ、適切な一粒あるいは何粒かが表面に出てくる感じです（図5）。

辞書のように、話される個々のケースを分類し、分析すると、意味の項目一覧のようになります。しかし、この一覧表が常に意識されることはなく、場面ごとに特定の意味が意識されるわけです。

〈意味のまとまり〉のうち、このようにして意識されない部分は、話したり聞いたり、書いたり読んだりする現場で、まったく機能しないかというと、そうではありません。それはその場その場で、表に現れる中核的な意味の周りや底辺部に潜んでいながらも、意味の方向性を決定づけます。以前も述べたように、意味のまとまりかたは、それまでの言語文化における習慣などによって、言語ごとに違います。

現実の言語行為に即するなら、言葉の意味を理解するとき、私たちは言葉の意味を垂直方向に考える必要がある、ということになると思います。〈意味のまとまり〉が、その場では見せていない他の多くの意味が、表面に浮かび上がった意味の下に数多く連なっている、と考えるといいでしょう。

「話す・聞く・書く・読む」といった言語行為は、このような〈意味のまとまり〉が音や文字と結びつくことです。この結びつきは、人が話したり聞いたり、書いたり読んだりするたびに生じます。**結びつくさいに微妙な違いが入り込むことで、言語は変化してゆく**と考えられます。「まじめ」という言葉は文脈によって褒め言葉にも揶揄《やゆ》にもなります。常に変容するという点が重要です。

意味がどのようなまとまりかたをしている（クラスターを形成している）のかを説明できれば、言葉を聞いて間違った理解をすることはグッと少なくなります。意味がどんなふうに構成され、どんなふうに働くのか知っておくと、誤解の理由に気づけるし、新しいコンセプトを生み出すときにも有用です。

日本語で「文脈を読む」や「空気を読む」という心のスキャニングは、人間が言葉を使う以上、他の言語でも普遍的に使われています。[2] つまみ上げたい「ブドウの一粒」（特定の意味要素）にぎゅぎゅっと的を絞るのが語り手自身のように見えて、実際には、その場の流れが、そうさせるのです。概念のまわりにある言葉のゆるやかさを押しのけて、これが伝えたいことですよとでも言うように、意味（あるいは意図）の方が向こうから迫ってくる。それをすくい上げるのが「文脈を読む」や「空気を読む」です。

2　井出祥子．わきまえの語用論．大修館書店，2006．

第4章 空気・皮肉・げんかつぎの言語学

言葉のまわりにゆるやかに存在する「心」に気づく

言葉のニュアンスに耳を澄ます

宅配便の箱に「取扱注意」とか「fragile（フラジャイル）」と書かれていますよね。ガラスや生卵や、花束など、衝撃に弱いものが雑に扱われて形が変わらないように注意書きされています。

「取扱注意」とか「フラジャイル」のおかげで、壊れやすいものは丈夫なものよりも、ずっと大切に扱われ大事にされ、愛情を持って接されるでしょう。それは弱いはずなのに、あるいはそれゆえに細心の注意が必要になり、気づかわれ、壊れにくいという状況が成立します。[1] 言葉の意味あるいは概念も同じく移ろいやすく儚《はかな》いものです。

私はこの〈弱さゆえの強さ〉を、本書では〈感じやすさ〉として、**感情の問題**であることがより明確になるよう語り直してみたいと思います。それはあえて英語を用いるなら「センシティブ（sensitive）」であることだと言えます。傷つきやすい、感じやすい、微妙な違いを表現できるといった含みがあります。

日本語では、**感覚が鋭く敏感であること**や理解が早いこと、その分野で優れていることを含めて「さとい」とも言います。私はこの〈感じやすさ〉という表現で、弱さやもろさよりも、こういったシャープさに着目しています。

人間にはもとから備わった基盤として、野生の強さがあります。しかし、それは繊細さを含む〈感じやすさ〉の領域にある〈強さ〉です。この感性は、微妙な違いを見つける細心の注意と密接な関係にあり、主観の領域と切っても切れない関係にあります。それがまさに言葉の力が発動する場です。こういった側面に心を向ける生きかたをセンシティブという言葉ですくい上げることができると思います。

過酷な自然環境の中だけでなく、私たちが生き抜いていかねばならない人間社会も、ときに過酷で、ときにわずらわしい環境です。その中でうまく生き抜くには、敏感さも鈍感

1　松岡正剛．フラジャイル――弱さからの出発．筑摩書房，2005．

さも必要です。この両方をあわせもった〈弱さゆえの強さ〉として、センシティブな生きかたは、ますます重要さを増すでしょう。ではこのことは、言葉の問題とどのように関わるのでしょうか。

「私はセンシティブでありたい」

私は学生のころオックスフォードでホームステイをして、大学が提供する語学コースに通いました。授業は基本、わきあいあいとして楽しいものですが、一度だけ差別的な発言がありました。私たちのクラスを担当した先生は、受講生が差別的な発言をしたとき、即座に一言「私はそういうことがらについてセンシティブでありたい」と言いました。

発言の内容の影響や効果について十分に敏感であるべきだという意味でしょう。でも「私はセンシティブでありたい」は、発言者に注意するわけでも、命令するわけでもありません。しかし、その場にいる全員に態度の変更や再考をうながす効果をもっています。しかも他人に向けてではなく、自分の態度や考えかた、生きかたとして、自分は鈍感であるよりもセンシティブであることを心がけたいと自分に語りかけることによってです。

私は、その人のあり方に〈弱さゆえの強さ〉を見たわけです。まさに、彼女はセンシティブであることの強さを実行によって示しました。「私はセンシティブでありたい」の強さは、他人に対する優しさであり、他者への影響力もあります。なにしろ私は英語をすっかり忘れましたが、それからの人生で、倫理的であるかどうか以前に、センシティブであることを心がけたいと自分に語りかけることになったからです。

言葉の微妙なニュアンスに敏感であること、言葉は同じでも内容や現実はいつも異なっていることに注意を向けるよう、「私はセンシティブでありたい」と思います。

言語化は単なる技術や感情の問題ではない

「私は自分でも何が問題なのかわかってなくて困ってます！」という状態は、イヤイヤとかイライラ、つまらなさ、気まずさ、焦燥感の理由だと思います。「私は〜がわからなくて困惑してます！」のように、自分のわからない部分が〈なにか〉を明確にできる人は、答えに至る道筋を見出したようなものです。

整理のつかない感情に筋道を通すこと、気持ちの交通整理をすることができるとき、今の自分の感情がどういう理由で生じているのか、それは何を意味しているのかが説き明かされます。自分も他の人も理解でき、納得できる筋の通し方もまた日常を支えるある種の

「論理」だと思います。

私たちの心は〈感じやすさ〉を備えているからこそ、頭ではわからない自分の気持ちが、心の動きを表す〈しるし〉として、身体の反応として出ることがあります。それは貧乏ゆすりかもしれません。朝目が覚めたのに起きることができないという形での「不調の訴え」かもしれないし、「どうして涙が出るのかわからない！」と思いながら涙が止まらない場合もあるでしょう。この〈感じやすさ〉は、自分がこれ以上、大変な思いをしないための防御ですし、他人が困っていることに気づくための繊細さです。

誰もが社会の支えなしに生きていけない以上、社会の一員である私たちには、周囲の人を気づかう能力も備わっています。「いいえ、私は強い人間ですから、〈感じやすさ〉ではなく、力強さが特徴です！」という人もいるでしょう。でも、それは外からの影響を受けざるをえない繊細な人間だからこそ、「なるべく影響に左右されない自分を維持したい」という心構えの表れではないでしょうか。

私たちの心は、生まれながらにして〈感じやすさ〉を特徴としています。そのつど感覚を明確な概念にすることは、なかなか難しいものです。というのも、それは言語化の技術の問題でも、感情だけの問題でもないからです。私たちがうまく表現できないのは、小説家や詩人のような言語の達人じゃないからとか、単に感情が複雑だからではありません。言葉の意味の構造もまた複雑だからです。**複雑な感情に、複雑な構造をもつ概念をピッタリ合わせるのは至難の業です。**

では、心で感受した感覚が、どんな意味なのか、はっきり説明できるならどうでしょう。それができるなら、「この飲み会は嫌だ」「仕事が憂鬱だ」といった表面的な現れの〈手前〉で、ほんとうに語りたかった〈こころ〉の細やかな動きが見えてくるはずです。

「意味」が通じれば「意図」が伝わる？

誰かの発表や講演会で、あまりにスイスイ上手に説明されると、耳からもスイスイ抜けていきませんか。スイスイと聞き心地よく巧みに語られた言葉は、心を優しく撫《な》でてそのまま心の外に滑り落ちていくようです。ところが、「あ、いや、そうじゃなくて、こう言った方がいいかな」と悩みながら話す姿を見ると心に響き、痕跡を残すと思います。

日本最初の独創的な哲学者、西田幾多郎《にしだきたろう》は、授業中、教えながらよく考え込んだそうです。私の恩師も、授業中、何分も考え込み、「ああでもないこうでもない」という心の中の声を口にしていました。私は、そのことを鮮明な記憶としてついつい思い出してしまいます。なぜでしょうか。

それは、どうにか伝えようとしながら話す姿が、誠実さそのものだからです。つまり意図が伝わるときが、〈こころ〉が伝わる瞬間なのです。その語りは、聞き手に対して誠実であろうとする結果だし、また話す事柄に対しても忠実であろうとする努力の表れです。その言葉にセンシティブに耳を傾けるなら、言葉は耳からスイスイ抜けるよりも、しんしんと降り積もる雪のように心の中に深い景色を形作り、しみわたるのではないでしょうか。

話し手はセンシティブに何かを感じたからこそ、自分の心が感じることのできたその感覚を、どうにかして言葉にもたらそうとします。そこには、あなたが感じたあなただけの経験、あなただけの物語があります。あなただけしかわかりえないからこそ、あなたの言葉で語ってもらえるなら、聞く耳を持つ人の心に強い印象を残すと思います。切々と語られた言葉の連なりには、苦悩の爪痕がそれ以外には表現しようのなさとして刻まれて伝わります。そのように紡ぎ出された言葉は、あなた自身の感情の結晶として、センシティブな心に否応《いやおう》なしに意味をもたらすだけの効果があります。

ここで私が「意味が伝わる」と考えているときの感覚や意味、つまりセンスとは、正確な理解を可能にするロジックではなく、ほとんど声にならない心の声や、どう言葉にしてよいか自分でもわからない心の叫びのようなものです。それは言いかたを変えれば、「感情を吐き出す」とも言えそうですから、言語化とはやはり平たく言って「論理」ではなく「感情」の問題になると思います。

「場の空気」は言葉の中に

言葉について考えるとき、第一の見かたは、言葉は記号である（論理的）というものでした。

第二の見かたは、言葉には含みがあるという考えかたです。この本で説明してきた言語化からこぼれ落ちる〈こころ〉と切り離せない情動への効果（第二の見かた：心理的）を前提にする立場です。それは「空気を読む」と言ってもかまいませんが、畳み込まれて目立たない声を聞きとる場合もありますし（第2章）、「卵の白身」部分がゆるやかに変化し、新しい意味が取り込まれるという場合もあるでしょう（第3章）。こういった表立って見えてこない〈含み〉は本来そこにないとされるのに、気づかぬレベルで機能しています。〈含み〉は本来そこにないとされるのですから、ふだんは気づかない「空気」のようなものです。ですが、読みそこなうと大変な事態になりえます。言葉が話されるたびにその場その場で二次的に生み出され、一定ではない意味ですので、いわば「複雑系」（部分がわずかに変化しても全体像に大きな影響を与える）とでもいえる意味のあり方です。

言葉はダイヤモンドのように輝く

日常のコミュニケーションでは、文字通りの一義的な意味が伝達されているとはかぎりません。むしろ、二次的な意味を伝えるために言葉が使われてすらいるでしょう。ふだんの会話では「そろそろ起きたらどう?」は「起きろ!」よりも、「起きないと困ったことにならないか心配しています」というメッセージを伝える文として理解されます。話し手は時計の代わりとして物理的な時間を伝えたいのではなく、どうしても聞き手を立ち上がらせたいのでもなく、寝ている聞き手が遅刻しない状況を作り出そうとしています。

このように考えるなら、意味の〈含み〉（「起きないと遅刻して困ったことにならないか心配しています」）は本来そこに「ない」のではなく、むしろ生きた現場で聞き手に効果を引き起こすという本来の目的をなしとげていることがわかります。

ブドウの房には外側のほうにもたくさん実がついているように、〈含み〉は言葉のまわりに存在しているのです。ちょうど、卵の白身は透明で形が定まらないけれど、白身も卵を構成しているのと同じです。

現代哲学では第一の見かたに特化し、第二の見かたを心理学や言語学、人類学、社会学などへとゆだねることで学問上の棲み分けを行ってきました。哲学は人であれば誰にでも共通する知性のしくみを考察し、特定の個人や社会、文化、時代に限定されない〈人間一般〉を知る営みに特化している、といえるでしょう。特定の個人や社会、文化、時代ごとに個性を発揮するものは、心理学や言語学、人類学、社会学などが扱うわけです。

第二の見かたでは、世界という絵柄を映し出すジグソーパズルの一つひとつのピースが、差し込んでくる光をカット面に反射して、さまざまな色に輝く宝石のようなものです。どの方向から光が差し込むかで、宝石の映し出す反射光の色がいつも変化するように、どの状況や文脈に言葉を入れるかで、〈意味のまとまり〉はその構成要素の中から、そのつど適切な意味を言葉に映し出します。

それは、ピカソの絵のようです。ピカソの絵では、いろんな角度から見た顔が一つの顔として組み合わされています。それは、見る角度によって異なる表情のすべてを描き込んだ人物像です。ピカソの絵は、その人物がもつさまざまな顔、すなわち〈意味のまとまり〉を一度に見せています。〈意味のまとまり〉も、多くの顔を含んでいて、その場その場で、状況や文脈に合わせて、特定の顔を見せてきます。

次の節では、この考えかたに基づいて、私たちの日常の言語行為に迫ってみましょう。言われた言葉を文字どおりに理解するのは、基本に忠実なのではありません。話し手の意図や意味のセンシティブなありかた、言葉の力に無理解であり、そこに誤解の原因も生じるということが見えてくると思います。

文字通りでない、ハイコンテクストの文化

京都の「いけず文化」は言葉の本質を突く

京都で「ぶぶ漬け（お茶漬け）でもどうどす？」と言われたら、「はよ帰れ」と理解しなければいけないという話があります。日本、特に京都ではこのような「空気を読む」とか「行間を読む」ことが重要だとされます。

このように文脈依存度が高い文化をハイコンテクストの文化といいます。**共有される常識や文脈に依存する割合が高いコミュニケーション**を普段から行う文化のことです。京都はこの文化を高度に発展させたコミュニケーションの場となっているとされます。

このことは、日常会話では言語が情報伝達よりも〈情動への効果〉という機能に重点を置いている、という問題と直接関わります。

京都を特徴づけるこの表現そのものが、実際に京都でいま使われるかは別にしても、このことが一般に知られている点が重要です。それは、京都では、言いづらいことを遠回しに言う〈センシティブ〉な言語行為が実践されることをよく示しているからです。

京都の「いけず文化」とか「高度な嫌み」と言われる表現は、摩擦《まさつ》を避けるための言語行為だといえます。しかし、〈センシティブ〉な言語行為は京都に限定されません。

たとえば、私の住んでいる関東でも、日本の各地でも、公衆トイレに「いつもきれいにご利用いただき、ありがとうございます」と張り紙があります。これを読んだ人が、「このトイレを初めて使う人もいるのに、何言ってるんだろ」と理解するなら、その人はもう少しコミュニケーション能力を開発するか、社会性を身につけるようにしなさい、と言われかねません。なぜなら最初から、「ありがとう」は「汚すな」という命令として機能しているからです。これを、文字通りに「お礼」だと理解すべき内容の文だと理解するなら、理解力に問題がある、〈センシティブ〉ではないと思われてもしかたありません。

「いつもきれいにご利用いただき、ありがとうございます」は、たしかに汚させないことを目的とした文ですが、聞き手が可能なかぎり不快にならない、ということも含んでいます。そして、この相手への配慮は、日常会話において決して二次的で重要性の低いものではありません。むしろ、この言語表現では、相手への配慮がきわめて重要な目的として意図されています。

「お遅うございます」が嫌みになる理由

いわゆる「遠回しに言う」という形式は、〈センシティブ〉であることを最優先した苦心の結果です。こういった文字通りではない表現を、私たちは日常的に行っています。

「おはよう」は別にそこまで早い時間でなくても言うでしょう。もし文字通りの意味を伝えるのが言語の本質なら、遅れてきた人には「お早うございます」ではなく「お遅うございます」と言うことになるでしょう。そこには「あいさつによって相手の存在を認めていることを伝える」意図はありません。そこにあるのは、事実だけを伝える情報交換です。ほとんどの人は無意識に、言葉を文字通りには理解していません。だから、「お遅うございます」を嫌みととらえることになるのです。文字通りの意味が言葉の本質だと考えるのは少々〈浅はか〉ということになってしまいます。

言葉の意味とその対象が、1対1で対応するような「一義性」の考えかたは、記号的でデジタルだといえます。これに対して、実際の言葉は文脈に依存する割合が高く、意味の働きが「多義的」だといわれます。しかし、「ぶぶ漬け」のときと同じように、「かげ」という言葉でも、それが陽の差さない場所か月の光か、あるいは人の姿か助力や援助かは、そのつど「一義的」です。この一義性は、記号的でもデジタルでもありません。だからこそ、ＡＩを用いた自動翻訳は、なかなか完ぺきとはいかないのです。

ただ、英語とフランス語、ドイツ語のような欧米語どうしでは、ほとんどデジタルに単語を置き換えるだけで、つまり言葉を1対1で対応させるだけで、大部分の翻訳ができる可能性があります。それは、言語の構造ももともとかなりの程度で同じであり、文化をかなりの程度で共有しているからでしょう。

哲学者の今道友信《いまみちとものぶ》は『東西の哲学』第四章で、欧米の言語はふだんの使用でも、できるだけ記号的（デジタル）であり、日本語はできるだけデジタルでないように発展してきたと指摘します。そうだとすれば、欧米の言語で自動翻訳がうまくいき、日本語ではなかなかうまくいかないのも説明がつきます。

推《お》し・ルーティン・げんかつぎ

人は呪術を求める

みなさんには「推し」がいますか。自分が「いちおし」する人や、ほかの人にもその良さを広めたいと思う対象を「推し」と呼ぶのが定着しました。「推し」はアイドルだけでなく、アーティストだったり、アニメやゲームのキャラクターのような実在しないものだったりします。心に癒《い》やしを与えてくれる「推し」を求めるのは、人間にとって普遍的な感情です。この節では、「推し」の力と同じように、言葉の意味が人の心や行動を決定できるという点に触れておきたいと思います。

人は自分の「よりどころ」になるものを必要としています。初詣に行ったり、神社で神頼みしたり、お守りを買ったり、試合や試験、大事な仕事の前に「げんかつぎ」するのは、

「推し」が癒やしを与えてくれるように、そういったものや行為が「よりどころ」となって不安を取り除いたり、安心感を与えたり、力を与えてくれるからでしょう。

受験のような大切なイベントの前に「落ちる」「すべる」のような言葉を使わないのは、「落ちる」「すべる」のような言葉が現実になって、試験に「落ちる」ことを避けるからです。私たちは、こういった「言葉は口にすると現実になる」という考えかたを「言霊《ことだま》」と呼びます。これは言葉の魔術のことで、日本語だけではなく、世界中で見られる考えかたです。

プロほど心のセンシティビティに自覚的

心に作用するという点では、「習慣」も安心感を与えてくれます。

よく知られたエピソードですが、プロ野球のイチロー選手が毎朝カレーライスを食べることや、靴を履く順番も細かく決めていて、その「習慣」を必ず守るのも「げんかつぎ」です。彼は、決まったパターンを作り、それを長期にわたって繰り返すことでストレスのない状態を実現するそうです。精神的なストレスを可能な限りゼロにして、目的に集中できる。これが「ルーティン」の効果です。

強靭《きょうじん》な肉体をもち、大きな大会で成果を上げる人たちこそ、いつも対策をしなければならないほど、心はたやすく影響を受けることを自覚しています。私たちは誰もが、心の内外に関係なく、何らかの出来事の影響をたやすく受ける存在です。つねにストレスのかかる現場で成果を出し続ける人たちは、「げんかつぎ」や「ルーティン」がはっきりと心に作用することをよく理解しています。

そのような効果をもつ最も手頃で身近な存在が、言葉とその意味です。試合の前に、大きなかけ声を出しあって互いに励《はげ》ましたり、自分自身に向かって自分は大丈夫だと言い聞かせるのも、「習慣」という反復も、不必要なストレスを心に与えずに、目の前の目標に集中するためです。

絶え間ない訓練によって強い精神や肉体を実現したプロ選手でも、私のようになまけもので絶え間ないさぼりによって実現した弱い精神や肉体で生活する人でも、心は敏感で影響を受けやすく、壊れやすいことに変わりはありません。

人は心のセンシティブさに働きかけることで、行動を起こすよう自分をしむけると言えるでしょう。センシティブさに心をくだくからこそ、プロ選手たちは、「げんかつぎ」や

「ルーティン」を行って、余計なストレスを心に与えずに目の前の目標に集中する。そして、〈感じやすさ〉を研ぎ澄ませて、普段との違いを見分けることに成功する。人間のセンシティブさに対するセンシティブな態度こそ、プロ選手を真のプロにしている要因だろうとすら思えます。

お参りやお守り、「推し」や「げんかつぎ」「ルーティン」は、それによって〈思ったこと〉を実現してくれるツールだと言えます。なかでも言葉は、〈思ったこと〉を実現する効果が自分に向かうとき、自分をポジティブに変えたり、ポジティブな状態を維持したり、「気づき」をもたらしたり、能力を開発することに結びつきます。

逆に、この効果を他人に向けるとき、私たちは他人を勇気づけたり、楽しませたりもできますし、あるいは怒らせたり悲しませることもできるでしょう。それだけではなく、そのような感情を人の心に引き起こすことで、次の行動を方向づけることもできるはずです。

言葉は現実に影響力をもっているので、この点で「言霊」はあなどれません。

「意図を実現する」のが言語の魔術

理性に人間らしさを見出したアリストテレスやデカルトが思っていたほどには、人間は理性という考える力を十分に発揮する動物ではなく、むしろ日常的に、感情に左右される動物のようです。

感情に左右されるとは、考える力が発揮されていない状態です。「げんかつぎ」や「ルーティン」によって心を集中させなければ、「気づき」を得る瞬間を逃してしまうほど、人間は日常では感じる力・考える力を使わないですむような生活をしています。これは、私たちがセンシティブさをないがしろにする生活を送っている、ということにほかなりません。感情に左右されないよう自己防衛の本能であえて鈍感になっているのです。

感情が生まれるセンシティブな領域は、野生の強さをもつようでいて、壊れやすく敏感な心のひだの奥にあり、ふだんは気づかれないことが多いと思います。日常生活では、感じる力・考える力としてのセンシティブさを気にかける余裕がないのが普通です。

「推し」や「ルーティン」が心に安らぎや行動への活力を生み出すのと同じで、言葉は感情や行動を生み出し左右することができます。お店でお茶が欲しいと言えば、お茶が目の前に現れるでしょう。本人でも他人でも、けして見ることも触れることもできない心の動きをじかに生み出したり変えたりできる力は、まさに言葉の魔術、言語呪術です。

言葉は〈意図〉を実現してくれます。相手にじかに手を触れなくても、言葉によって人を動かすことができます。感情も行動も左右することができます。このように物理的に離れていて直接接触せずに、〈意図〉を実現することを呪術と呼ぶなら、言葉にはそのような呪術的な力があるといえるでしょう。この呪術は言葉の繊細さを活用し、心の繊細さに働きかけます。

言語の呪術的な力を発動させるには、心に対するセンシティブな態度がなくてはなりません。感情や行動を生み出す言葉の力が発動するのは、壊れやすく敏感な心のひだの奥とでもいえるような、ふだんはあまり意識しない心のセンシティブさでした。言語化したい〈意図〉は、そこでセンシティブな状態にあります。そのような〈意図〉を伝える対話が成功するには、心に抱いているものへのセンシティブな態度が不可欠であることを見てきました。

人付き合いのストレスのうちでも、話が通じないことや、相手や自分の話によって人を傷つけるのを避けるには、どうしたらいいでしょうか。私の専門分野から答えるなら、それはセンシティブさに対するセンシティブな態度として、〈意図〉を言語化しようとするとき、意味の構造に敏感になる、というものです。これは自分の心への気づかいでもあり、相手への気づかいにもなります。

傷つきたくないから センシティブにはなれません

そんな人はすでに「繊細」

社会の中で仕事をしていたら、わかりあえなさも飲み込んでいかなければいけないという場合があります。いちいち他者の言葉にセンシティブになっていたら仕事になりません、という人もいます。そんなとき、その人は、すでにセンシティブです。それは誤解（意味の違い）に敏感で、相手にどう理解されるかという言葉の意味の問題にセンシティブな人です。

また、言葉の意味にセンシティブになれと言われても、よくわからないと思う人もいるかもしれません。しかし、「自分は鈍感だ」と思っていても実際にはそんなことはないでしょう。そんな人でも、場面に応じて、話しかたを変えようとするはずです。言葉の選びかたで、伝わりかたが違うことを知っているからです。そんな人には、敏感になる方向性や種類を変えること、言葉への視座を新たに打ち立てることを提案したいと思います。

孤独を感じる人は、自分の「視座」の中に逃げる人であり、「視座」を守ろうとする人です。その人は、人とはわかりあえないと思っているかも知れません。しかし、その孤独はポジティブな意味を担うことができます。なぜならそれは、ゆずれない自分の領域だからです。ただし、自分を守る壁は壊す必要はないと思います。

孤独（ソリチュード）と孤独感（ロンリネス）

孤独を感じる人にも2種類あります。自分の世界（たとえば趣味）が幸福の源泉なので、**孤独でいることに困らない人**です。でも、そんな人でも同じ趣味や価値観を共有する人と交流をもちます。それは単に物理的に「いつもそばにいる人」とも「利害の一致する仲間」とも違って、利害関係を抜きにして、よいと思うものを目指すものどうしです。

日本語で「孤独」というと基本的にネガティブですが、ここでいう孤独のニュアンスは「一人でいること」、英語で言えば「ソリチュード（solitude）」です。フランス語でも同じ綴《つづ》りで、哲学者のルソーが「多忙な毎日から離れる」「自分の内面を見つめ直す時間」「充電して、新たな自分に生まれ変わる時間」「創造性の時間」の含みで使っています。単に「一人で寂しい」ではなく、いろいろな感情、思考、状態を表している言葉です。

一人でいることは好きでも、孤独感を抱いている人は、まだそのような「朋《とも》」に出会っていないだけでしょう。孤独感は、ロンリネス（loneliness）と表現できます。いまいる狭い世界は、自分で打ち破り、話のわかる相手を探す（＝外に出る）しかありません。日常的に、物理的に直面する人がすべてではありません。

『わきまえの語用論』の井出祥子先生は、世界で論文を発表し名の知られた研究者ですが、「68歳で退職してから私の人生が始まった、はじめて仲間ができました」と言っています。

ずっと英語の教科書にジョン・レノンの曲「イマジン」をとりいれる提案をしても、聞く耳を持ってもらえませんでした。何が本当に重要かを共有できる仲間にめぐり会いにくかったのでしょう。しかし、他分野の人々と共同研究を始めたところ、自分の考えかたが多くの人に支持されたのです。興味があることをあきらめなかったということです。

話のわかる相手は人間である必要はありません。自分の理解者は好きな歌手の楽曲かもしれませんし、犬や猫かもしれません。それをともに楽しめる誰かが見つかれば幸せなのではなく、その価値に自分が気づくことが自分の幸せだと思います。その価値は、いま自分がフォーカスする経験にどんな意味を見出すかで様変わりします。

自分の幸福の源泉は自分にしか見出せない価値のありかです。それが、自分を守る壁にもなり、「朋《とも》」に出会うための窓、とびら、橋になるのだと思います。

孤独と孤独感については、最終章でも詳しく書くことにします。

第 2 部

応用編 1

嘘、誤解、もどかしさ

第5章 聞き手をコントロールするコミュニケーション

【犬笛】

（いぬぶえ、英語: dog whistle）

二つのもっともらしい解釈ができるよう、
意図的に設計された言語行為である。

一つの解釈は、
ある私的なコード化されたメッセージで、
一般的な聴衆の一部に向けられる。
そのメッセージは
一般的な聴衆には隠されているため、
彼らは二つ目のコード化された
解釈の存在に気づかない。

キンバリー・ウィッテン. 2008.

編集注：犬笛が、人間には聴こえず犬にしか聴こえない周波数で犬を呼び寄せるために使われることから

想起する意味をコントロールすること

「わかる人にはわかる」言葉？

試験の前の学生に向けて「落ちる」や「すべる」といった発言をすることは、かなり直接的で明らかな意味をもっています。

しかし、話し手の「意図を巧妙に隠すしくみ」が利用できるなら、自分の感情がかき立てられたのは、なんらかの言葉を聞いたからだという自覚も生じないでしょう。

フェイク以上に聞き手を誤解やミスリードさせたのが、アメリカで2003年にジョージ・W・ブッシュのスピーチライターたちが採用した戦術（犬笛）です。ブッシュに、以下のように言わせたのです。

「しかし、力が、奇跡を起こす力が、アメリカの人々の善良さと理想主義と信念のうちにはあるのです」

これは、ニュースを通して全国民が関心をもって聞く演説でなされたので、全国民向けの発話です。薄っぺらな飾り文句にしか聞こえません。

ところがキリスト教過激派はこれを、「奇跡を起こす力」（＝キリストの超自然的な神の力）、「アメリカの人々の善」「理想主義」「信念」（＝白人だけの「神の国」を実現すること）として一義的に理解できて、彼らはブッシュを支援することになりました。これは、ブッシュがどうしてもキリスト教原理主義者たちの支持を必要としたからです。

彼らに直接訴えかけることは、ブッシュのイメージダウンになります。そこで、彼らだけに通じる言葉づかいをしたのです。ブドウの房の中にある特定の意味要素に、わかる人なら自動的にフォーカスできるよう「条件」を整えて発話したわけです。

同じように、ドナルド・トランプが以下のように発言したことがあります。

「メキシコが人々を送り込むとき、彼らは最高のものを送るわけではありません。あなた［のような善良な人々］を送っていないのです。あなた［のような善良な人々］を派遣しているのではありません。彼らは多くの問題を抱えた人々を送り込み、その問題を我々の国に持ち込んでいるのです……彼らはレイプ犯です。中には善良な人もいるでしょう」

これもほぼフェイクというか、ミスリードの一種です。というのも、自分は公平な立場から客観的な真実を言っているかのように振る舞いながら、実際には意図した通り、メキシコからの移民に悪いイメージを植え付けることに成功しています。

しかも、ほぼフェイクと言えるのは、犯罪率は移民では少なく、移民ではない白人男性層の方がはるかに高いことが統計で示されているのに、それを隠し、聞き手を間違った理解に誘い込んでいます。これも、現実とは違う「連関」を言語で作り出す例です。

こういった感情操作によって行動までも思い通りにしようとするには、言葉の意味を操作する必要があります。意味操作が気づかずになされ、その効果が気づかずに発揮されるのも、壊れやすく敏感な心の〈センシティビティ〉の領域に働きかけることで可能になります。

〈感じやすさ〉の領域は、論理的な思考を支える根底的な部分であり、人間的であるよりは動物的です。ですが、それは野生の強さをもつのではなく、実は繊細です。あまりに繊細であるため、そこで起きている「操作」に気づかないほどです。

「鳥」から何を想像させるか？

ちょっとした連想ゲームをしてみましょう。「海、雲、鳥、夏、風、太陽、麦わら帽子、声」という単語が並んだ場合と、「川、森林、鳥、山、カレー、声、草原、牧場、キャンプ」という単語が並んだ場合とを考えてみてください。一つ目の方では、鳥はかもめを想像する、続けて連想するなら車よりは船を想像する。声はもしかしたら、恋人同士の会話かもしれないですね。二つ目の方では、鳥はかもめのような海鳥よりも、山や川にいる鳥を想像するし、船よりは車を想像するでしょう。

イメージとは言葉（概念）がもたらす効果であり、心の動きです。「海、雲、鳥、風、太陽」と言葉が並ぶことで、あなたの心には情景が浮かび上がり、この光景にふさわしい言葉（概念）が次々に浮かびます。あるいは、ここに並べられた言葉の一つひとつは、たとえば次のように細かな意味をもつように感じられるでしょう。「おだやかな海」「もくもくと広がって風で流れ、形を変える大きな白い雲」「鳴き声を響かせながら飛ぶ海鳥」「潮の香りを運んでくるさわやかな風」「おだやかな日差しで肌を温める太陽の光」のように。

私が意味の要素とか、言葉（概念）を成り立たせている要素という言いかたで描こうとしている意味の構造とは、こういった別の「語」が組み合わされ、より細かく説明するようなしくみです（九鬼周造の構造化のように）。ちょうど、辞書を引いてわからない言葉に出会ったらまたその言葉を調べるように、それは無限に続きます。

それは、関係する別の「語」が次々に連なって必要な組み合わせを生みだすしくみだともいえます。たとえば、「海、雲、鳥、風」に「太陽」ではなく「月」を入れたら、情景は違ったものになります。「海、雲、鳥、風、太陽、大砲、怒鳴り声、戦艦」のようになれば、別のストーリーがつむぎ出されていることが明確になります。私たちは、どんな言葉をどんな並べかたにするかで、聞き手の心に描きだされるイメージをたやすく操作することができます。

相手に嘘を言って相手の行動を操作することがフェイクニュースの目的でしょう。しかし、このような意味の連想（連合）という機能を利用することで、フェイクを言語化するのとは違うしかたで、**事実を言いながら**相手の心を操作することも可能です。

「元気なお子さんですね」

事実かどうかを問題にしないレベルにおいて、相手の心の動きを、こちらの思い通りにすることが、意味の操作では可能です。

だからこそ「あいつはうるさいから黙らせろ」と口にする代わりに、「元気なお子さんですね」という言いかたを選ぶのです。場合によっては、本心で「元気で可愛い」と思ったのに、相手に「うるさい」と受け取られないように、言葉をつけ加えることにもなりかねません。それほど、言葉はその文がもっている〈言われていること〉（文の内容）の理解よりも多くのことを、聞き手の心に引き起こします。

同じように「あいつはうるさいから黙らせろ」と意図するとき、話し相手と信頼関係があれば、「少し場所を変えたほうがいいかもしれない」とか「少し静かにさせたほうがいいかも」とはっきり言っても大丈夫でしょう。そういう個人間の事情に左右されない、共有された意味の連想が、言葉にはあります。それは、言語文化という前提のもつ力です。これも形成力といった言葉の力だといえます。それは、どの言葉がどんな連想をもたらすのか、その言語の話し手に共有された意味の働きです。

意味の連想は言葉にともなう二次的な問題ではなく、むしろ本質的です。この言葉はあれやこれを連想する、という共有された意味の働きを自覚できるようになれば、ネイティブの感覚をもつといえます。たとえば日本語で「花見」というと「桜」を思い浮かべるのは、平安時代以降の日本文化の固有です。外国語をうまく使いこなすことができる人は、そういった語の連ねかたに通じている人です。

意図的にも、意図せずとも

意味の連想は物理的な現実の連結（因果関係や、空間的な隣接関係）とは無関係で、ありえないつながりかたで言語化も可能です。物理的な現実の裏打ち（証拠）がなくて良いので、そこにつけ入ることもできます。

たとえば、アメリカでは「福祉」という言葉を、貧困者の多い過密地区を表す「都心（inner-city）」や景気の極端な悪化を表す語と繰り返し組み合わせ、「怠惰で独身の黒人女性」に税金を使うという人種差別的な連想が起きる意味の変化が生じました。

「福祉」は偶然に恵まれない境遇になってしまった人々へ社会が援助する〈敬意〉や〈共感〉、そのような援助の〈妥当性〉を必須要素として含んでいたのに、その要素が隠れてしまい、差別的な意味が入り込みました。問題は、これが**意図的に引き起こされた現象**だという点です。[1] テレビニュースなどで、黒人に対する「福祉」と財政問題を組み合わせて報道することで、人々の間に黒人（特に女性）のせいで財政の逼迫《ひっぱく》が起きて、他に資金が回せないかのように情報＝印象を操作することに成功しました。

　この差別的な意図に気づかずに、この新たな用法を無邪気に使う人が増えれば、差別的な要素は「福祉」の中核的な要素になってしまったかもしれません。

　同じようなことは、意図せず常に起きます。たとえば「天然」という言葉は、「天然温泉」といったそれまでの意味で使われれば、「自然」「もともと」「本来」が意味の要素としてあらわになります。

　ところが「天然」を人に対して使うと、「天然」と聞くだけで、心には「自然」「もともと」ではなく、意味の要素でない「ボケている」「抜けている」が目立った意味要素として入り込んできます。「自然」という物理的な状態や「もともと」「本来」という性質は、「ボケ」「うっかり」「おっちょこちょい」という性質と必然的に隣接する事柄ではありません。しかし言語では、「福祉」や「天然」の例で見たように、意図的であろうとなかろうと、意味構造を操作することが可能です。

なぜ「優しい嘘」は許され、「誤解させたなら謝ります」はモヤるのか

「彼は死んだ」と言えないわけ

現実に影響をおよぼす意味をコントロールすることで、現実も人の心も方向づけることができます。これは言葉の呪術といっていいでしょう。前に触れたように、言葉は直接に手で触れることのできない心も、まだ実現していない未来も方向づけたり形づくったりできるからです。言葉の操作によって思い通りに現実を操作できるからこそ、私たちは言葉に敏感になる必要があります。

ここで「現実」や「心」といっても、世界全体や宇宙全体のようなもの、心全体のようなものを考えることは無意味です。そもそも、私たちはそのような全体を見通すことなど

1 Jason Stanley. *How Propaganda Works*. Princeton, NJ: Princeton University Press, 2015.

できません。私が「現実」や「心」で指し示したいのは、特定の出来事や特定の感情のことです。一つ例を見てみましょう。

おばあさんが危篤だ、という知らせをもらって、あなたは駆けつけました。あなたの大切なおばあさんです。おばあさんは、とても優しく面倒見も良く、楽しい人だったので、みんなから好かれていました。あなたのおじさん（お父さんの弟かお兄さんだとしましょう）も、できるだけ早く駆けつけようとして、事故にあってしまい、即死してしまったとしましょう。あなたは、おばあさんから、おじさん（つまり、おばあさんにとっては息子です）がいないけど、どうしたのかな、元気にしてるよね、と聞かれたとします。今まさに死を迎えつつある、心優しいおばあさんに、「おじさん、さっき死んだよ」とあなたは言えるでしょうか。そのおじさんに会ったときは元気だったから「(今は死んでしまったけど、自分が会ったときは）元気だったよ」と答えるのではないでしょうか。

このカッコの内容「今は死んでしまったけど、自分が会ったときは」という部分は、声には出さないので、おばあさんには伝わりません。だから「(今は死んでしまったけど、自分が会ったときは）元気だったよ」という文は、おばあさんにとっては、自分の息子は「まだ生きていて、元気だ」という内容として理解されます。あなたは、おばあさんが、そのように理解することをわかっていて、そう望んでいます。なぜなら、おばあさんを悲しませたくないし、ショックのあまり今死んでしまうなんてことになってほしくありません。

では、あなたはおばあさんを騙《だま》したいのでしょうか。あなたは、おばあさんに悲しい思いをさせたくないので、おばあさんが勘違い（あるいは、事実と違うことを理解）することを選びました。でも、あなたは巧妙に、事実だけを伝えていますから、嘘ではありません。

あなたは嘘が悪いことを知っているので、嘘をつきたくはありません。しかしこの場合は事実もまた悪影響を引き起こします。それを避けることも、あなたはこの場では望ましいこと（善）だと判断しました。人間関係は、事実だけでできあがっているのではなく、ふだんは気づかない数かぎりない感情への気づかいによって成り立っています。

善悪は「意図」と「効果」の間に

哲学には、嘘やミスリードを分析する分野があります。そのなかで最近、海外で大変活躍しているジェニファー・M・ソールというアメリカ人哲学者がいます。今の例は彼女が、嘘の善悪を論じるために提示している例です。

あなたは事実を言っているのに、これは、果たして嘘なのでしょうか。それとも、嘘ではなくミスリード（間違った理解をさせること）なのでしょうか。なぜなら、事実（の一部）を伝えることで、あなたは嘘つきになることを回避しながら、おばあさんを悲しませない、という目的も達成しています。もちろん、おばあさんが知りたかったのは、過去の事実ではなく、現在の事実です。この点で、あなたはおばあさんに対して不義であることをあえて選びました。しかし、それはあなたの優しさからくる不義です。

悪意による嘘やミスリードは、倫理に反しますし、法にも反するでしょう。では、優しい嘘、優しさによるミスリードは倫理的だ、善である、と自信をもって言えるでしょうか。そうは言えないからこそ、私たちは「（今は死んでしまったけど、自分が会ったときは）元気だったよ」のように、心の中で言い訳をしたり、一部の真実だけを言ったりして、完全な嘘を言わないようにするのでしょう。

「誤解させたなら謝ります」の意図

そして、ミスリードもまた、相手の気持ちや理解力を利用することによって、相手が勝手に誤解した状況をあなたは意図的に作りだします。誤解の原因を他人のせいにできる状況をわざと作っておくのです。これが悪意によるなら、その意図がバレたときに、あなたは「自分は嘘はついていない。誤解したのはあなただ」と言うことも可能な状況を作っています。これは、その意図に自分だけが得をするような意図が含まれていれば、やはり倫理に反しており、悪質だということになるでしょう。このように相手の理解を操作することもまた、意図的に作り出すことができるのです。

この問題は、誤解もしていないのに（つまり、正しく理解したのに）、「それは誤解だ」「誤解させたなら謝ります」と言われるのと連続していると思います。ミスリードは、相手に気づかれないように、理解を操作する手法です。これに対して、都合の悪い内容が正しく理解されてしまったとき、発言した人は困るでしょう。自分がこれ以上困らないようにするため、さらに「それは誤解だ」「誤解させたなら謝ります」と嘘を重ねる人がいます。それを聞いてあなたはモヤモヤとした気持ちになるでしょう。なぜなら、あなたは正しく理解した点を責められるのです、あなたは間違っていると。

これだけなら、倫理の問題にはなりません。たとえば、バレたら恥ずかしいので、バレないようにするために「ごまかす」場合もあります。それは、愛嬌や可愛らしさに含めることも可能です。でも、他人の利益を侵害して自分（と自分の仲間）の利益のみを目指し、自分を例外にする行動をするのは倫理の問題になるでしょう。

相手が誤解したのは、自分の責任ではないという筋書きは、他人に責任を押しつけるだけではありません。これは、自分だけを例外化するようなものです。常に正しいのは自分だ、という思い上がりを背景にするでしょうし、自分が得をすること（損をしないこと）を行動指針にしているでしょう。だれでも得をすることは悪ではありませんが、自分だけを特権化するなら、それは非倫理的です。なぜなら、その瞬間に、自分以外の他の人たちを否定することになるからです。

ここから、言葉の問題を考えてみましょう。どうして、言語行為において自分を例外化すること、自分だけが正しい理解を知っているようにふるまうことは悪質なのでしょうか。それは、共有されるべき意味を私有化してしまい、相手からアクセス権を奪ってしまうようなものだからです。相手もまた、言葉の意味にアクセスして、それがどんな意図なのか、どんな効果をもつのか検証できる立場にいるはずです。嘘やミスリードは、その機会を、その権利を奪ってしまうような行為です。

そこでは、事実が捻《ね》じ曲げられているのではなく、聞き手の「個人」や「感情」が踏みにじられ、話し手と聞き手とが共同で作りだすべき公共性が、一方的に占有されてしまっています。意図的な嘘やミスリードは「二枚舌外交」だといえるでしょう。そのような状況下では、伝わるべきものは何もありません。そこでは言葉は特定の人だけが利益を得る道具として使われています。多くの場合、話し手が利益を得て、聞き手が損をすることが前提です。そのとき、聞き手の「個人」や「感情」までもが、特定の人の利益を生みだす道具にされています。

「謝罪」を求めている場面では、さまざまな制約が意味を明確にしてくれますから、実は誰も誤解していません。聞き手は何も誤解しておらず、むしろ話し手の意図を正確に見抜いているので、発言を問題視するわけです。正しく認識したのに、理解する能力が不足しているとレッテル貼りされるようなものですから、「誤解させたなら謝ります」は二重三重に無礼な発言です。これが、モヤッとする理由です。

もちろん「誤解」はつねについてきます。ですから、本当に誤解であれば、どの点で違う「意味」が理解されたのかを指摘すればいいだけです。その上で、誤解させる下手な表現だったことを謝罪すればいいわけです。

謝礼と謝罪の意味は、現実への効果

私たちは、言葉を大切にするよう教わります。その真の意味は、言葉を大切にするとは、他者の尊厳や権利、感情を大切にすることだからです。言葉を独り占めするのではなく、本来、開かれた存在である言葉に、他の人も自由にアクセスして風通しのよい空間を作るためです。なぜなら、私たち人間は、言葉を話す動物であり、言葉によって心を交わす生き物だからです。言葉を大切にすることは、自分を含め、共通の空間を一緒に利用する人たちを大切にすること、一人ひとりの個人にリスペクトを払うことにつながります。

私は謝礼や謝罪は、その言葉が真か偽かよりも、「ありがとう」「ごめんなさい」とはっきり発言されることに意味があると思います。なぜなら、心に実体がない以上、その気持ちを言葉に置き換えるより他にないからであり、しかも仮に本心ではないとしても、一度口にされた言葉は現実を方向づけます。口にされた言葉を無かったことにはできません。発言者に責任が伴います。だから、本心かどうかを重要視するほかに、口にするかしないかも重要視すべきです。そして、言葉として口にされることが話し手にも聞き手にとっても重要なのは、言質《げんち》を取ることができる以前に、耳にすることが心へ効果をおよぼし心情の変化につながるから、そして次の行動を起こすことができるからです。

第6章 誤解のメカニズム

言葉には
個人の空間と
外部と共有する空間
がある

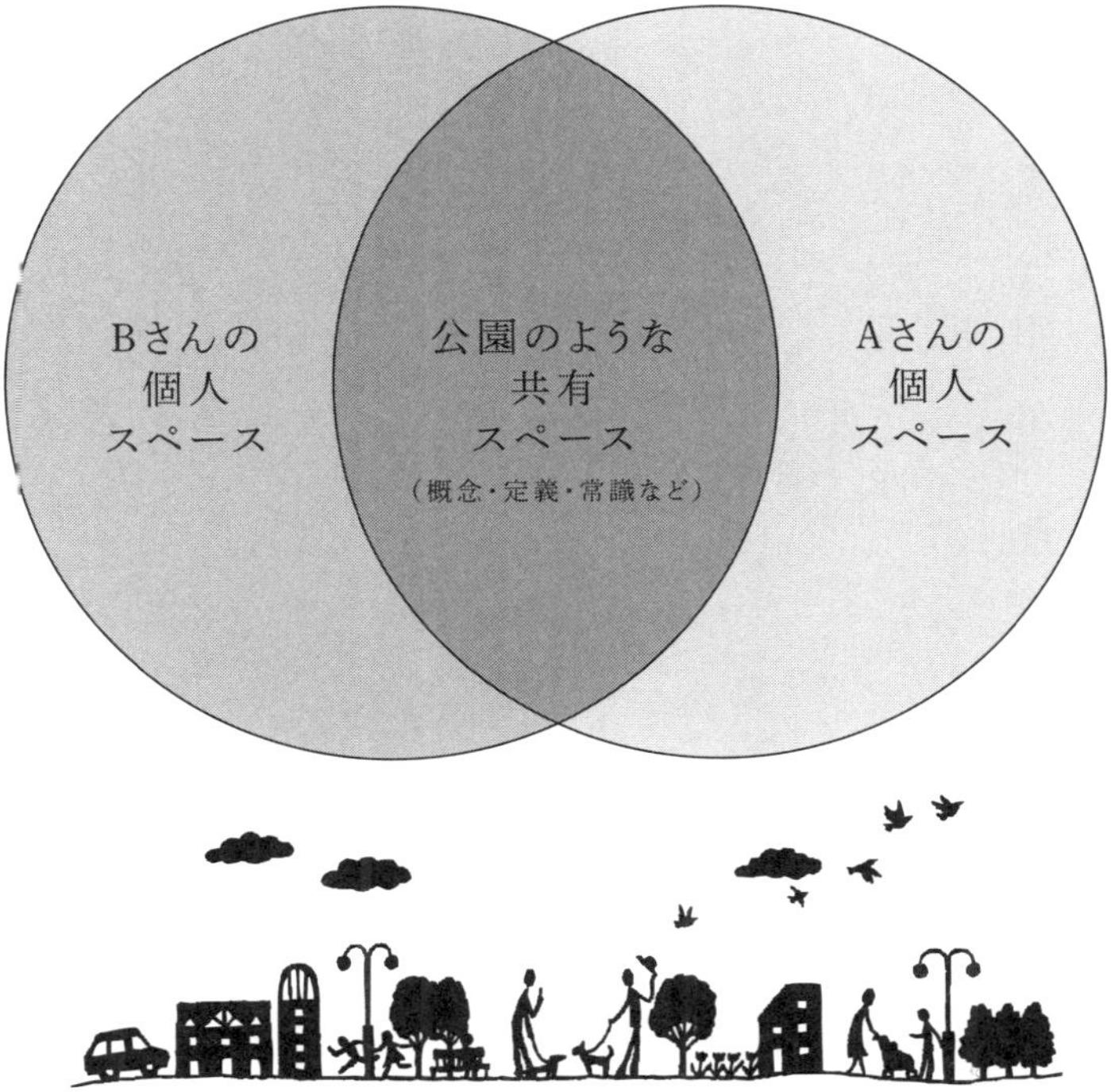

言葉が行き交う場

意味が伝わらないとき、何が起きているのか

「貫禄《かんろく》ありますね」

私はあるお祝いの席で、知人の女性が着物を自然に着こなすので、褒めるつもりで「高級なスーツを着た人より貫禄がありますね」と言いました。「貫禄」という言葉で、衣装が立派な着物であること、それを日常の一部にしていて何の違和感もないことから来る存在感やオーラを意図したつもりでした。ところが私の直感的な選択は失敗しました。彼女は、「え、やっぱり太ったよね?」と悲しそうにしたのです。

「貫禄」と聞いたときに、その人には意味要素のなかから「物理的な嵩《かさ》」という要素が前に出てきて、私には「存在感がある」「オーラがある」のような要素が浮上していたと考えられます。もちろん彼女が「貫禄」から「自然に着こなす」ほど慣れていると理解する可能性もあります。だから私に悪意があれば、彼女を確実に悲しませる仕掛けとして、

もう一言「男は腹が出てるほうが和服が似合うっていうけど、女でも同じなんですね」とつけ加えれば、彼女に「悲しみ」「恥ずかしさ」「失望」「怒り」といった心情を生み出すことに成功するでしょう。

相手の理解に不満があるとき、つまり相手が心に思い描いているものが、自分の心に思い描いているものと違うとき、訂正したいという欲求がわき起こります。言葉のやりとりでは情報だけではなく、その大部分で、心の働きを気にかけています。その中心にあるのは、話し手が心に思い描いているもの、それを受けて聞き手が心に思い浮かべるものです。私たちのふだんの生活の現場で、〈対話〉が生き生きとして喜びにあふれているときには、一義的な信号ではなく、ゆるやかであいまいな部分に光があたっているはずです。その光のあたる部分は、言葉によって何を意味したいのかという感情や主観にかかわる側面とおそらくは一致しているでしょう。

私には悪意はありませんでした。むしろ褒めようと思いました。でも適切な表現を選ぶことに失敗しました。それは、完全に不適切でもないはずです。なぜなら、慣れていて堂々としていることを「貫禄」と言うのは不正解でもないはずです。場合によっては、意図は伝わったでしょう。このように、特定の意味要素を浮上させるのが上手くいかなかったり失敗すると、誤解やモヤモヤが引き起こされます。

考えてみたら、着物を着こなして貫禄があるということは、極道の妻とか銀座のママのような連想も可能にします。では、何にどう注意したら、誤解やモヤモヤを防げるのでしょうか。

解像度が低い場合

一つは、意味の解像度がお互いに違うときです。

「江戸小紋」という和服を例にしましょう。江戸小紋は、3センチ四方に千個の点で模様を描きます。模様があまりに細かいため、遠くからは無地に見えます。極微の小さな白い点が赤い布に細かくあれば、遠くからはピンクに見えるでしょう。しかし近づくと布がただのピンクではなく、白い点が描き出す花柄や水の流れが見えます。

着物を見て「お祝いの席だけどシンプルだな」と思うだけの人と、江戸小紋だと気づく人では、和服に対する感度が違います。

江戸小紋に気づきじっくり見れば、非常にかすかな模様が表面に奥行きや陰影を与えるのを知り、職人の技術の高さに驚き、リスペクトを感じます。同時に、それを着る人が、見た目の豪華さではなく、気づくか気づかないかの境目でオシャレをする奥ゆかしさの美意識（「粋」）をもつことも発見します。

このように、受け手（着物を見る人）はセンシティブになるほど、話し手（着る人）の意図や意味に近づくでしょう。これは、たんに感覚の問題ではありません。センスの良さ、上品さという複雑な意味を受け手が複雑なままに反映できるかどうかというリフレクションの問題でもあります。

概念もまた、近づけば近づくほど、内部に複雑な構造を描き出しています。その構造を自分の理解として反映できないことが、理解（解像度）の低さだと言えるでしょう。

理解できないことを「ピントがズレる」といいます。ピントは元々オランダ語で、英語のポイントです。「要点がズレる」と当然、意味が伝わりません。理解ができることは、ピントを合わせる（＝フォーカスを当てる、焦点を絞る）ことと同じであり、理解とは明瞭な映像を概念（意味）として描き出せることです。それができないとき、概念（意味）の映像がモヤっとして、ボケた写真や動画のように何が映っているのか「明確にできない」「理解できない」ことになります。

この問題が起きるのは、**言葉の使用法や概念（意味）を知らないからだけではありません。自分の関心や興味、経験や価値観、生活の場が引き起こしうる問題です。**私は「貫禄」を間違った用法で使ったわけではありませんでした。思ったことが伝わらない問題が解像度（ブドウの房を何で構成しているか）の違いやフォーカス（どのブドウの粒に光を当てるか）、リフレクションの違いによるものであれば、どのくらい細かく見ているのか、どの側面に注目しているのかを説明すれば、すりあわせが可能です。

センシティブな態度が欠けている場合

ところが、なかなか説明しても〈ずれ〉に気づいてもらえないことがあります。これは、言いかたが悪いといった言語化の問題、言葉の使いかたの問題だけではないようです。表現を変えても、たとえを変えても、どうも意味が伝わらない、そんな場合です。この種の困難さは、解像度の違いやフォーカスの違いを説明したところで、互いにイメージしているものの〈ずれ〉〈すれ違い〉が解消できない場合に経験する〈モヤモヤ〉と関わっているでしょう。「言語化」からこぼれ落ちるものをすくい上げ、伝わらないことの〈もどかしさ〉をどのようになくすことができるでしょうか。

サルトルが示したように、私たちは自分がふだん使う「愛」のようなごく簡単な言葉ですら、解像度を上げることがなかなかできません。私たちは親が子どもへ注ぐ愛も、恋人どうしの愛も知っているのに、ふだんだれもが意識しない愛の側面をサルトルに指摘されて、驚いたり、納得したり、それは愛じゃないと反発したりするでしょう。でも、彼の説明を完全に否定できるでしょうか。否定するなら、むしろ私たちの知識や経験の事実に反することになってしまいます。ですので、サルトルは愛の概念を刷新することに成功しました。もはや、新しい概念を提示したといってもいいと思います。

そうなると、誤解が問題になるのは、意味の解像度やフォーカスの違い、使用法の違いだけではないようです。というのも、解像度やフォーカスの違いは経験によって生まれますが、経験がなくとも意味理解はできるはずだからです。

親が子どもに注ぐ愛として、勉強の無理強いを経験していない人でも、それが「愛」に含まれうることを理解できるからです（ここでは親の行為そのものへの価値観は問いません）。「愛」の概念にはその意味と対立するような意味すら含まれうることに目を向ける必要があると思います。

概念にセンシティブであるということ

そのためには、解像度、フォーカス、経験、価値観の違いを超えて、概念に対してセンシティブになることが必要です。意味が複数の要素やレイヤーからできていて、その要素のどこが表に出てくるのかに「気づく」ということです。

概念に対するセンシティブな態度が欠けているとき、その人の心には、相手が言おうとしていることや言ったことがはらんでいる要素がちゃんと形を結ばないか、歪《ゆが》んだ形を作ります。私が着物姿を褒めたとき、彼女が「別の意味もありうる」というセンシティブな態度をとってくれなければ、「あなたはすぐ他人の容姿をあげつらって！」と関係はこじれてしまったでしょう。逆に、私は「貫禄」が含む物理的な厚みのことに気づいて、他の言い方を探すべきでした。

サルトルの思考実験は、みなさんの中に愛の新たな概念を生んだはずです。サルトルに限らず、哲学者は概念にセンシティブです。私たちは哲学から非常に多くを学ぶことができます。概念にセンシティブであること、それはときとして奇抜な思考のように見えても、じつはじゅうぶんに練られて緻密に考え抜かれた結果です。

他の人の言動に対して攻撃的な哲学者もいるかもしれません。それは概念にはセンシ

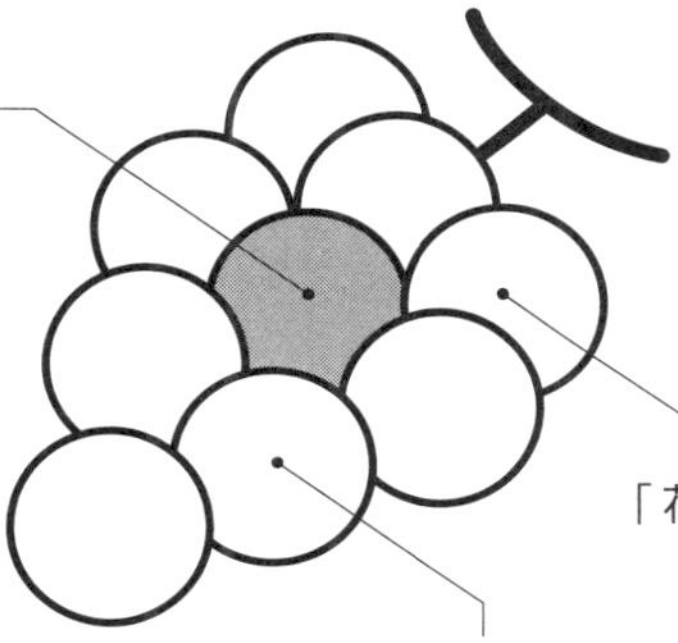

図6．単語の意味は、要素の集まり（再掲）

ティブでも、他者の気持ちや尊厳には鈍感ということだと思います。

誤解のメカニズム

何かを表現したり伝えたりしたいとき、一単語であろうと文であろうと、それによって〈言われていること〉は、複数の要素からなる〈意味のまとまり〉です。

第3章の「ブドウの房」（クラスター）を思い出してみてください（図6）。どの実に光を当てるかで、〈意味のまとまり〉はその構成要素の中から、そのつど適切な意味を言葉に映し出しているのでした。

誤解が生じるかどうかは、

①話し手が〈意味のまとまり〉をうまく言い表せるかどうか
②聞き手が、話し手の言葉から、〈意味のまとまり〉を再構成できるかどうか
で決まります。

私の場合は、①着物のポジティブな印象が、②ネガティブな意味に再構成された、ということです。

誤解とは、話し手と聞き手のあいだで〈意味のまとまり〉を〈共有〉できないということです。そこには、前提となる知識や常識、物の見かた、解像度といった基準を〈共有〉できない、という問題もからんできます。そのほかにも、前章の犬笛の例で確認したように、言葉が心に引き起こす情動の変化によって、意味の効果がガラッと変わることが誤解の原因になっているという問題もからんできます。

このような〈意味のまとまり〉としてのイメージを「形」や「姿」という意味でドイツ語では「ゲシュタルト」といいます。〈意味のまとまり〉が聞き手のなかに、こちらと同じように像を結ぶことができないとき、意味の「ゲシュタルト崩壊」が起きて、〈言いたいこと〉が伝わらないのです。

意味が伝わるとき、何が起きているのか

言語化でも話しかたでもなく、相手と物語を重ねよ

私たちは日常会話が成立していると見なして生きています。ふだんはだれも「よし、今日こそ、だれも知らない言語をつくって会話するぞ！」と考えて、それを実行しないからです。いわば「常識」として、だれもがわかる言葉の意味として、すでにある概念をくりかえし利用します。私たちの日常は、言葉が通いあうかぎり、この「常識」としての（つまり、だれにでも通じる）「概念」が保たれている、といえるでしょう。

うまくいくコミュニケーションは、優れた言語化や独創的な表現の駆使ではなく、〈意味のまとまり〉として概念を組み立てることです。まんがのアニメ化が、原作と違う話になってしまうことはありますが、話し手の物語が聞き手の心では違った物語になってし

まったら、話が通じないことになります。**うまくいくコミュニケーションや会話とは、表現や話しかたが上手か下手かではなく、ちゃんと相手の心に概念が成立することです。**概念は、一つの物語のようなものです。たったひと言でも、やはりそこには物語が含まれます。

コミュニケーションをふくめ、人間の行為はみな感情（主観）と切り離すことができません。それは、感情（主観）から完全に切り離した記号だけの世界ではなく、個人の想いが入り乱れる世界です。話し手や聞き手それぞれの背後には膨大な物語の蓄積があります。記憶や経験、事情などといってもよいでしょう。言語行為では〈個人的な経験〉に染まった意味を担う言葉とその言葉が人々によって積み重ねられてきた〈社会的な文化〉が重ね合わされ、意味の働きをなします。この二つの側面は、言葉を使用するたび、ときほぐしがたく結びつきます。

「当事者以外立ち入り禁止」の境界線を飛び越える

一人ひとりが特定の共同体が共有する言語を母語としています。その共有言語は、いわ

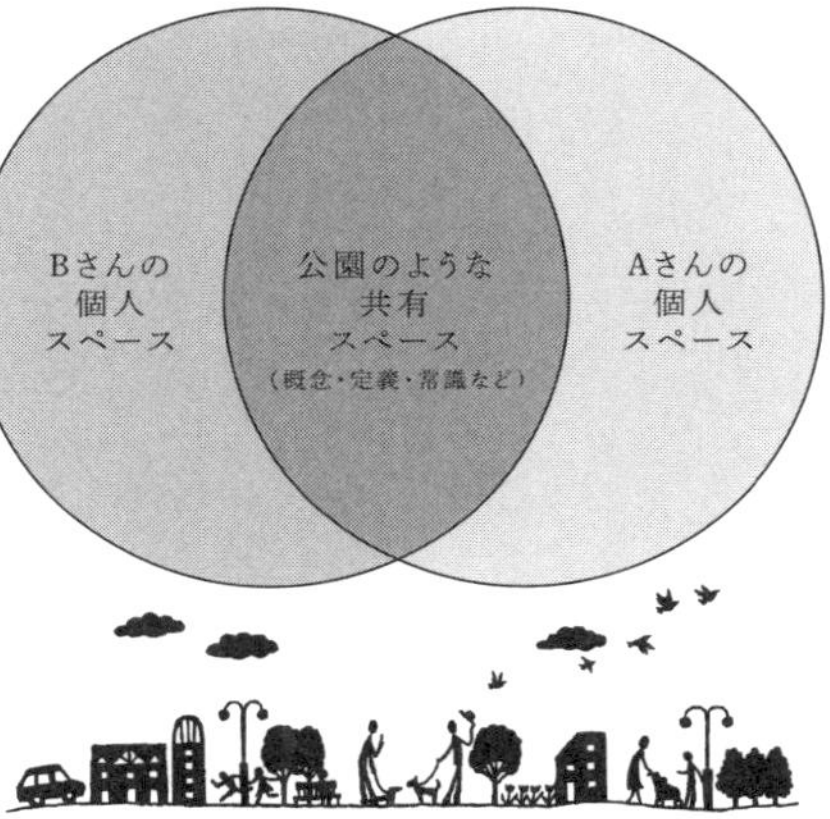

図7. 公共と個人

ば〈公共〉のものです。公共ですが、プライベートの場でもあります。公園は誰もがそこを憩いの場としていいことになっています。グループで体操をしようが、デートをしようが自由です。

同じように、言語は誰もがそこを自己表現の場としていいことになっています。言語行為とは、〈公共〉的なものに参入して、〈個人〉的な活動を実現することだと考えることができます（図7）。公共の場と個人の場とを明確に区別するよう法律で形づくられたのが私たちの近代的な社会です。

〈公共〉と〈個人〉の境界線には、「当事者以外立ち入り禁止」という目に見えない壁があります。お店ならスタッフのような関係者だけが入る部分を考えてください。私たちは、他人の家に勝手に入ることはしません。友達の家でも、勝手に友人の両親や兄弟姉妹の部屋に入ったり、冷蔵庫を開けたりはしないでしょう。ところが、コミュニケーションでは、〈公共〉と〈個人〉の境界線があいまいというより、「当事者以外立ち入り禁止」の境界線を飛び越える必要があります。言語行為では、言葉は公園のように共有スペースであり、本人だけにかかわることがらを、すべての人に関わる言葉に結びつける必要があります。

そうじゃないと、話が伝わりません。言語はたしかに公共の媒体ですが、それはユーチューブやインスタ、テレビや新聞のような公共の道具とは少し違います。言葉であなたの認知や経験、感情といった主観に属することがらを表す言語化は、細やかにふるまいかたを見さだめないといけない〈共有〉の問題があります。

「あなたの気持ちがよくわかる」の誤解

このような共有が〈公共〉と〈個人〉を包みこむ領域だと気づかずに、安易に「共感」で片づけてしまうために、コミュニケーション障害を引き起こしている場合がよくあります。

たとえば、何を聞いても、自分の問題と結びつける人とは、話しにくいと思う瞬間があるのではないでしょうか。でも、変ではありませんか。だって、その人はあなたの話に「共感」を示しているはずです。その人は、自分も同じ経験がある、あなたの思いがよくわかる、ということを示そうとしてくれています。その人の経験という証拠によって、です。これは、あなたに最大限の「共感」をしてくれている、と見てもいいはずです。

ところが、あなたは「この人、私の話なのに自分の話にしてしまって、自意識過剰なんじゃないか」と思うかもしれません。なぜ、相手は「共感」を示しているのに、あなたは「共感」してもらえないと感じるのでしょう。この問題は、言語から考えることができます。共感という感受にかかわる問題であるから、心の問題であることはたしかですが、私たちの日常のコミュニケーションが言語行為であることを軽く見るわけにはいきません。

言葉の問題は、言葉で解決できる

「どうせわかってもらえない」

「他者とわかりあえない自分は、共感力が低いのかもしれない」
誤解やすれ違いが続くと、毎日こんなふうに思いながら過ごしている人もいるかもしれません。

言葉はどこにあるか、想像してみてください。体の中に心があって、心や脳の中に言葉がある。なんとなくそのように思われています。会話するとき、私たちは自分の記憶に保管してある言葉を使います。だから、心や意図あるいは意味は、個人の中がストレージの場だと思っています。たしかに記憶はそのように活用されます。
しかし、個人の記憶は言語の全体を保存していません。

心や意図あるいは言葉の意味は、クラウドのようなものです。私たちはむしろクラウドにアクセスして、必要な言葉をダウンロードするように言語と向き合います。本書の冒頭で示した言葉についての考えかたのうち、「第三の見かた」は、言葉の意味は相互作用によって生じるというものでした。

個々人がスマホを握りしめ、その中から使えるアプリケーションを使っているのではなく、全員がさまざまなクラウド（文化や言語圏）とつながっています。そうでなければ、未知の単語や表現に出会って、それを理解する事実が説明できません。

ある人と話をして、その人が言った言葉の意味を理解するとき（知っているか初めて聞いたかは違いありません）、私たちは、相手の意図を言葉から想像します。自分の記憶に照らして想像する場合もありますし、状況に照らし合わせることもあります。

私たちは、そのようにして想像した全体像を相手の意図や意味だととらえます。さらにその総体を心や言語だととらえます。さまざまな言語行為の痕跡から、私たちは言語の全体像を再構築しているだけなのです。

そうでなければ私たちは、「他人の心に入っていかないと理解できない」のように、誤解の原因が物理的にわかりあえないものだと思いこむことになってしまいます。つまり言葉が個体の中にあるとすると、「自分はひとりなんじゃないか」「個体が違うのだから何を言っても伝わらないんじゃないか」という独我論に陥ってしまいます。でも本当は言語の総体としてみんなで共有しているのです。

イメージのずれを「共感力の問題」にすり替えるな

実際、一人ひとりが信仰や恋愛、結婚、仕事などの悩みを他の人に相談して、誰か他の人と問題を共有しながらも、自分の意志を形づくるのが現実です。言葉には問題の〈共有〉を可能にする公共性があります。概念は、その社会で共有されることではじめて概念として成立します。私たちは他者への気づかいなしに概念を成り立たせることはできません。

そこで私たちは、言葉とは個人それぞれの感情だけでなく、**個人を超えて機能する概念である**、という視点をもつ必要があります。そうすることで、不要な誤解や行き違いを、共感の有無ではなく共有の問題、**意味の〈ずれ〉**としてとらえることができます。それは互いに問題を〈共有〉して、その解決に取り組む共同作業に転換します。そうすることで、問題を個人的にとらえず、理性的になることができるのです。

ここで「解像度」だけでは物語が機能しない、という冒頭で書いた問題につながります。

宇宙の理解のように科学の話なら「解像度」が重要でしょう。しかし日常生活は科学ではありません。「共感」や「感情移入」で語りたくなるような情念の渦巻く世界でもあります。だからこそ、安易に「共感」や「感情移入」が可能だと考えることは危険です。それは言葉の理解や共有の問題なのに、「あの人は他の人の感情や気持ちを推し量ることができない」と決めつけたり、思い込みで相手の心、感情や気持ちを決めつけたりしてしまう可能性が高い、ということです。

私たちは相手の心、感情や気持ちを「自分の心」として理解してしまいます。それは、相手に「共感」や「感情移入」しているようでいて、実際には、自分の心に感動して、自分の心に泣いたり喜んだりしているだけです。そこには、ほんとうの現実の「相手」は存在していません。

他人のことを自分のことと結びつける人は、共感能力の非常に優れた人であり、あなたの喜びや苦しみを自分のこととして一所懸命になってくれる人です。あなた自身がそういう人かもしれません。でも、ちょっと立ち止まりましょう。あなたがそうであれば、単純計算でも、自分と他の人の感情という二倍の感情をコントロールしなければならず、疲れてしまうはずです。ましてや、その「共感」や「感情移入」がうまくいくとはかぎりません。

高い共感能力を発揮しているように見えて、場合によっては、自分の経験から生じる心の動きだけを語ってしまうかもしれません。それは、自分とあなたとは、違う経験や記憶、違う立場や事情によって生じる心の動きを感じているんだ、という現実を消去してしまうようなものです。

自分とあなたとは違う、と頭ではわかっていても、どうしても他人の気持ちを推し量るには、自分の経験に当てはめてしまう。「共感」や「感情移入」がうまくいかなかったのに、そのことに気づかずに「私はあなたの気持ちがよくわかる」と思い続けたらどうでしょうか。誤解はますます深まります。話し手の「わかってもらえない」という気持ちはますます深まります。あなたに相談したり、愚痴を言ったりして、話を聞いてもらいたいと思っている人は、消化不良を起こしてしまいます。

当たり前ですが、経験や記憶、立場や事情は人それぞれです。それぞれの〈当事者だけにかかわる〉出来事を、自分のことであるかのように語るのは、私有であって、共有ではありません。自分のことに結びつけて語るのではなく、共有の問題として語るには、自分の経験から語ることをやめる必要があります。

話を聞く側としては、他人の経験ではどうしても明確になった気がしません。それは他人のものだからです。言葉（概念）は抽象的で、経験は具体的だから明確だ、というのは実は、当てはまらないのです。しっかり組み立てられた言葉（概念）によって立つとき、私たちが事柄や物事がはっきりしたと思うのは、心を整理するためにも、知識を明確にするためにも、るためにも、理解のためにも、基礎になるのが言葉（概念）だからです。また、言葉をとおしてはじめて私たちは他者としっかり結びつくことができます。

言いたい言葉がすぐに明確になれば苦労しない、という人もいると思います。でも、できなくていいと思います。できないから、私たちは対話するのであり、できると思い込む方が危険です。対話によってしか「個人」は「公共」に到達しないと思います。だから、「できなさ」を出発点にすることは、恥ずかしいことではなく、すべてのスタートになるのです。

まっさらな状態にして、相手の状態を反映《リフレクション》させることが理解の始まりです。

第 3 部

応用編 2

生きるに値する孤独な世界

第7章 文化の尊重と、個人の尊重

共同体の中で
人間の存在を
可能にするのは
言語である

E．カッシーラー

なぜ個性のない言葉が「個性」を生むのか

文化の尊重は、個人の尊重

現代日本を代表するベストセラー作家の桐野夏生《きりのなつお》さんは、ノーベル賞作家の大江健三郎《おおえけんざぶろう》さんが亡くなったときに、彼を讃えてこう記しました。[1]

大江健三郎さんは生前、「個人のなかに積み重なる文化が、やがて世界全体の『生きるに値する平和』を守ることに重なる」と説かれました。

桐野さんは、2021年に女性として初の日本ペンクラブ会長になりました。彼女は、

1 桐野夏生，〝【会長談話】大江健三郎さんの訃報に接し〟，日本ペンクラブ，2023-03-14，https://japanpen.or.jp/post-3094/，（参照 2025-01-18）．

人間や社会の闇とか深層とでも呼べるような言葉にされないものの正体を描き出すことを非常に得意としている作家さんです。その人が、20世紀後半の日本文学を代表する作家であり、世界文学の中心に立つ大江健三郎さんの仕事をこのように表したことは、非常に重要です。

言葉の達人と言ってもよい二人が、最重要課題としてとらえたこと。それが、個人の中に積み重なる文化を守ることは、生きるに値する世界を形づくり、その平和につながる、という考えです。この考えは私たちをずっと先へ導いてくれます。

言葉は社会的な決まりごとにすぎず、「没個性」なのに、それを大切にすることが、「個人を大切にすること」であり、しかも文化というその個人の生きる土台を大切にすることだ、というのです。

私が考えるに、一人ひとりに積み重なる文化とは言葉の〈意味〉です。前章で見たように、クラウドにどんどんデータがアップされていくようなものです。

もちろん、一般にいわれる文化とは、音楽やダンス、絵画といった芸術や、建築、料理、武術、礼儀作法、道徳、生活習慣などです。しかし、こういったことの中核にある理念や価値を形づくったり、表したりするさいに、言葉は不可欠でしょう。でも、だから〈意味〉こそが、一人ひとりに積み重なる文化だというのではありません。〈意味〉とは人々がみずから自分の生きた痕跡を残す〈場〉であり、人々の〈あいだ〉に構築され積み重ねられる〈文化〉そのものだということです。そのような積み重ねが、人々に言葉の形をとって〈意味〉を与えるものとして再び返ってきます。

私たちは言葉をダウンロードして使っている

言葉の意味が心をつくる

謎かけで意味を質問するときに、「その心は?」と問いかけます。そのような〈意味〉が、謎かけのときのように〈こころ〉と呼ばれるのは、言葉を聞いて動き出す心（感情や思考など）に関わるからです。私は〈こころ〉という表記で、言葉の〈意味〉を指そうと思います。

そういう場合に私が「心」という漢字ではなく、あえて〈こころ〉という書きかたで強調するのは、私が心理学の対象ではなく、言語研究の対象として〈意味〉を考えるからです。というのも、心理学が考察する心は、たとえば神経といった身体を測定したり観察したりすることから明らかにされます。もちろん〈意味〉としてとらえられるのは、たしかに心理的側面と切り離せません。

ですが〈意味〉はどこにあるのでしょうか。それは、個人の情動や思考と不可分でありながら、**個人を超える働き**です。他の人との間で構成され共有される社会的なものです。どういうことでしょうか？

言葉は相互作用の〈場〉である

先ほども見てきたように、私たちは自分と相手との〈あいだ〉にできあがるやりとりにアクセスして、そこに意味を読み取り、自分の記憶になかった言葉はそこからダウンロードして保存します。今度は自分の記憶にあるものから、言葉をアップロードして、相手に聞いてもらい、相手もそこにアップロードされた言葉を、自分の記憶や状況に照らして理解し、チャットが成立します。このようなチャットが積み重ねられる「場」が、私たちの〈あいだ〉です（もともと人間とは一個人ではなく、「この世」「世の中」「世間」「現世」を意味していました）。ですから、この〈あいだ〉は社会的なものであり、しかし個人の記憶はそこに重なります。私達はここで相互に意味を反映させあっています。

〈あいだ〉ははるかな過去にも同じ時代の無数の人々へも、どこまでも広がります。それに、私たちはクラウドからダウンロードするとき、ときどき間違います。意味のずれやバグが生じることなど、いつものことです。

このバグ（誤解）は、チャットを通して修正できることもあれば、そのまま気づかず誤解した記憶として個人に保存される場合もあります。バグった言いかたが繰り返しアップされ続ければ、それは習慣となって、新しい用法として見なされます。

たとえば「うがった（見かた）」とはもともと「本質を見抜く」という意味ですが、しばしば「ひねくれた」のように誤用されています。また「性癖」は本来「人間のさが、くせや行動の傾向」の意味ですが、性的嗜好の意味で使われることが少なくありません。

個人の経験の積み重ねが文化になる

私たち人間はだれもが何らかの文化のなかに生まれ、その中で成長します。その過程で、高度な芸術からふだんの生活まで、文化の諸相を支える文化的な価値が、私たちの日常の意識を形づくり、方向づけます。そういった価値や方向づけは、私たちにとって当たり前であり、あまりに自然であるため、もはや意識する必要さえありません。自分の文化とは、自分の一部となり、無意識となったものです。

自分にとって無意識となり身についた価値や方向づけこそ文化であり、文化は更新され、展開していきます。自分が経験したこと、自分や他の人の行いや出来事の経験が意識に影響を与えます。

重要なのは、経験の痕跡が〈意味〉として心に積み重なるということは、必然的に、自分の母語による言語化をともなう、という点です。

「言語化する」ということは、無意識ではありますが、言葉を〈意味のまとまり〉として理解し、できるだけその〈まとまり〉のまま使うことです。たとえるなら、「メンバーが入れ替わるけれどユニット名は変化しないアイドルグループ」のような〈まとまり〉として蓄積され、記憶されます。そして自己理解や自己表現、思考のさいに〈まとまり〉のまま使用（反映）されます。

その経験の積み重ねが個人を形成します。その個人を尊重することは、その個人を育む文化を尊重することになるのです。

文化を尊重することは、個人を尊重すること

だれもが、自分が尊重される世界を生きたいと願うでしょう。ということは、数々の〈私〉が尊重される世界は、その人の生きる文化が尊重される世界であり、だれもが尊重されて生きることのできる世界を、私たちは「平和」と呼ぶはずです。

大江健三郎さんの言葉「個人のなかに積み重なる文化が、やがて世界全体の『生きるに値する平和』を守ることに重なる」とは、このことを指していると思います。私たちが生きているその場その場での経験が大事にされ、それを保管する個人の経験の場である〈こころ〉のありかたが大切にされ、それは文化を尊重することにほかならない、ということです。

文化や社会的なきまりごとは、私たちの心に無意識のイデオロギーあるいはドクマを作っているものです。

言語は私たちがさかのぼることのできない昔から、その時その場の〈共同感覚〉によって作り上げられ、いままで伝えられてきました。ちょうど、ブドウの房に光を当てたり、

もぎとったり、新しい実をくっつけたりするように。

それは、自分の思い込みや独りだけの「常識」でできあがることのない共同作業です。そして、このような意味を作り出す作業は、つねに私たちのコミュニケーションの場で行われています。

言葉は文化の総体である

ほとんどの人は言葉に対して、無意識に「認知主義」の立場をとっています。信号として言語をとらえる「行動主義」と反対の立場です。認知主義は、言動の背後に「心（意図、思考、感情など）」が存在し、それは心の中にあり、心は脳（少なくとも身体）の中にあると考える立場でした。

このように心が物理的＝身体的な入れ物の中にあり、内容物として言動の原因であると考えると、実は問題が逆に解決困難になります。そこで私は、言語行為のつど生成される意味を後づけした「総体」が「心」と呼ばれる、という立場から「意味」を解明します。

この観点から見ると、言葉を聞くことで、喜びや悲しみ、怒りを感じる経験、騙されること、ミスリードされる出来事がうまく説明できると考えるからです。

また第3章で述べたように、単語に固定的な意味があるというのは思い込みです。単語の意味は、文（さらに特定の前提や文脈）があってはじめて確定されます。意味を調べたり確認したりするとき、私たちは辞典を調べますが、そこに書かれている「意味」は実は言葉の定義ではなく、さまざまな用法を後づけた一般化です。

公共性が生みだす「没個性」と「個性」

では、どんなふうに意味は生み出されるのでしょうか。ほとんど同じ環境、同じ社会の同じ領域にいる人なら、共有するものも多いはずです。だからこそ、わかりあえると思い込んでしまいます。しかし、生活してきた環境が異なるなら、それぞれが生きてきた前提、事情、経験は異なります。

それぞれの個人は自分の言葉を自分自身の表現としても用います。日本語には、日本の文化、日本の人たちが歩んだ経験が保管されるように、言葉には、あなたが歩んだ人生が保管されているといってもいいでしょう。

少し焦《こ》げた料理を完食して、美味しかったと言うとき、私たちは料理を描写しているのではなく、相手の心づかいに対する自分の気持ちも表現します。言葉の受け手側も、料理をする番です。実際の食卓とは違って、会話では互いに瞬間ごとに、料理を出しあう必要があります。その料理は、栄養の交換ではなく、栄養に載せて、気持ちを交換することにもなる、というのが特徴です。

ここに、言葉の意味の特徴があります。それは〈共同感覚〉を形づくり、自分の思い込みや特定の社会層に通用する「常識」ではできあがりません。言語は「みんなのもの」であり、社会のインフラであり、誰もがアクセスでき、誰もがその恩恵に与《あず》かり、誰もがそれを維持するため、より良くするため、発展させるため共同で関わる必要のあるもの、ということを指しています。

そしてここに、「個性」を発揮する場もあります。独自ルールで公園や道路を使ってはダメですが、悪影響を引き起こさない範囲で、個性的な飲み物や料理を作るためや、公園でパフォーマンスをするために利用する権利も「みんなのもの」です。

言葉に関しては、あなたが家族や友人、作家などだれかの言葉を受け継ぎ、それがあなたの人生にどう活かされ、あなたの経験を彩ってきたのかを、もう一度、言葉に載せることができます。しかも、日本語なら日本語という言語社会のあなたの知らない場所にまで送り届けることができます。

いつも言葉はだれもが知っている意味という「没個性」の部分とあなただけの「個性」を形づくる「経験」が交差する場です。

身体の言葉につもる文化

心身を形づくる「言葉の力」

言語の「没個性」と「個性」は、「身体の言葉」としても表れます。ここでいう「言葉」とは、同じ文化圏で共有される記号としてのジェスチャーや無意識の行動です。日本人であれば、笑うとき自然に口に手がいきます。これは、口元を扇子で隠す習慣のなごりとされます。[2]日本では古来、扇子が物を指す、つまり何かを明らかにするため、また何かを隠すために用いられました。扇子は身体の延長でもあり、送り主や持ち主を表し、言葉の代わりになる存在でした。江戸時代が終わるまで、多くの人が扇子を身体の一部のようにつねに身につけていました。

ちょうど言葉の意味が、使われてきた習慣をそのまま保存するように、扇子を使って身体表現していた習慣が、扇子を使わなくなった現代でも、口元を隠す仕草として保存されていると解釈できます。

ハンカチの震えを「記号」とする感情

日本の近代文学を代表する作家に、芥川龍之介がいます。彼には『手巾（ハンケチ）』という短い作品があります。「ハンカチ」は、この作品の中で重要な「記号」になっています。

主人公のもとに、ある女性がきます。それは、主人公に教えを受けた学生の母でした。その元教え子が亡くなったことを知らせに来たのです。

自分の大切な息子が死んでしまい、悲しいはずなのに、その女性は微笑みを浮かべながら息子のことを語っています。主人公は、なぜ微笑むことができるのかと、不思議に思うわけです。ところが、ふと女性の手元に目が行きます。すると、女性はハンカチを強く握りしめていました。彼女が強く押さえ込んでいる感情がハンカチの震えとして表に出ていたのです。ハンカチに目が行かなければ、顔の表情にミスリードされるところでした。主人公の解釈としては、自分は彼女の息子の恩師であり、彼女としては初対面かつ尊敬の表れとして距離を取るべき相手に、プライベートな感情をあらわにはできません。その社会性が、微笑みという記号によって、話し相手に伝達されているのです。

この場面では、ハンカチは、感情をコントロールするための道具として機能しています。心の激しい動き（嘆き）を抑えるための道具です。それは、にぎりこぶしのように、手を強く結んで、そこに力を注ぐことで、心の激しい力を向ける対象となったハンカチです。それが揺れることで、心の動きが外に表されることにはなっていますが、それもまた記号と言えます。悲しみ、慟哭《どうこく》が物体に可視化され、一義的に理解できるのです。

もちろん、意図的に手を強く握ることで、この人は感情を抑えているのだな、と相手に伝わるよう行動することもできるでしょう。要点は、言語であろうと、身体の一部分であ

2　高橋貴「扇の多義性――四つの類型」文明21、2004，12，p. 87-112.

ろうと、扇子やハンカチといった道具であろうと、私たちの心身の状態を表現するために不可欠だということです。私たちは、自分のうちにうごめいている感情を外に出して他の人に自分をわかってもらうためにも、自分で自分のことをわかるためにも、表現のための記号、そしてその発展形としての象徴を必要とします。

言葉と身体は一体化している

感情に名前をつける私たちはストレスを言葉によって発散することができるのを知っています。イライラするときに叫ぶとスッキリすることは日常的に知られているでしょう。言葉を口にすることで（とくに悪態をつくことで）、痛みが緩和されることが実験で確かめられています。あるいは、原因不明の体調不良に悩まされていて、病院に行ってみたら、それはストレスですよ、と言われることで、逆に安心し、そのストレスと向きあう気持ちにもなる場合があります。

これはストレスです、これはうつです、と言われることは、つまり言語化することは、何が何だかわからない状態から、それが何かわかる状態にしてくれ、ある種の安心を与えます。病気の場合は、病名を与えてもらうことで、治療・改善の可能性が具体的に見えるわけですから。

ダメだと声に出さなくとも心の中で思うだけで、力尽きてしまうもケースあるでしょう。ところが、マラソンしているとき、試合で力尽きそうになったとき、「頑張って」と声をかけられて、元気を取り戻すことがよくあります。

こういった例が示しているのは、言葉と身体が切り離せないほど一体化しているという事実です。言葉の意味は、私たちの感情を形づくっているといえます。とりわけ自分らしさ、自分とは何か、個性という点に関してです。

矛盾するように聞こえるかもしれませんが、自分らしさを知るということは、社会的な存在になることであり、社会的な存在は言語によって形成されるより他にないからです。自分のことで悩んでいる人に、解決の鍵となるのが、この言語の機能だと思います。どういうことでしょうか。

社会が言葉をつくり、言葉が社会をつくる

いじめの構造

アメリカの哲学者ジュディス・バトラーは、男女という区別が「意味」を持ち、この意

味ある区別に含まれない性自認の人は透明な扱いになると言います。つまり、そこから排除され、無いもの（「無意味」）とされてしまうのです。社会の外側に排除され、「みんな」から認めてもらえない存在とは、「みんなにとって意味の無いもの」とされてしまった「無意味」のことです。「みんな」という共通の「意味」を共有する空間の外に追いやられてしまうことで、孤独の闇に突き落とされるわけです。

「みんな」が共通して「いいね！」というレッテルを貼ることができない存在は、「みんな」の日常に違和感をもたらして破壊する怪物やよそ者にされます。逆にいうと、「みんな」とは「無意味」を排除することで初めて安心感を持つ集団となります。「無意味」は有意味な「みんな」という意味の外側、見えないところで支えている存在です。これがいじめのしくみです。いじめがなくならないのは、何かを排除しないと不安でしかたがない社会の持病のようなものです。

しかし、この知見は、いじめられる側の苦しみを、解決してくれるのでしょうか。被害に遭っている側は、社会がそうなんじゃしょうがないよね、と思えるわけがありません。バトラーのような哲学者たちも、社会がより良くなり、個人が安心して暮らせる社会を目指して、より良い概念を構築しています。

日本の哲学者、戸田山和久《とだやまかずひさ》さんが、良い概念は人の幸福な生存に必須である、と言いました。[3] 哲学は社会一般といった「没個性」をより良くすることではなく、差別や排除、いじめの被害にあう一人ひとりの個人、社会に居場所がなく孤独に悲しむ一個人の幸福な人生を実現することを意図しているはずです。

医者からこれはストレスです、これはうつですと言われることで、治療が開始できるように、バトラーのような哲学者たちは、社会が抱える持病を言語化して、私たちが問題に気づくようにしてくれます。男性中心主義による女性差別、マイノリティーの排除、イジメは、意味/無意味という区別によって社会を形づくっているしくみに由来すると言えます。では、私たちは自分固有の意味をどのように見つけ出せるのでしょうか。

3 戸田山和久．教養の書．筑摩書房，2020．

第8章 自分らしさの言語学

本来の自分と自分のイメージだけが
どんどん大きくなってかけ離れてしまって。
しまいには、
自分でもどんな状況に置かれているのか、
自分のことなのによくわからない

Real Sound. 2016.
宇多田ヒカル、『SONGS』で活動休止を語る.

本来の自分を言語化するには、「述語」に注目せよ

「人間活動」というレッテル貼りの効果

宇多田ヒカルさんは、アーティスト活動を休止したことがありました。そのときに彼女は、これは「引退」でも「休養期間」や「充電期間」でもなく、「人間活動」に専念する期間だと宣言しました。[1] 宇多田さんによる「人間活動」や「人間」という言葉の使いかたは、非常に素晴らしい概念の創出です。宇多田さんはそれが、熱心に、謙虚に、新しいことや知らないことを学び、一個人として「本当の自分と向き合う期間」を設けたいという意味であり、それはアーティスト活動ではなく、人間活動だ、と説明しています。

驚くべき言語化です。彼女にとって、人の本来の姿は〈熱心に、謙虚に、新しいことや

1 〝宇多田ヒカル〝「アーティスト活動」を止めて「人間活動」に専念します〟〟skream!, 2010-08-10, https://skream.jp/news/2010/08/utada_hikaru.php（参照 2025-01-18）.

知らないことを学ぶこと〉であり、それが一個人として「本当の自分と向きあう」ことです。人間とは知ることを欲する動物であるという定義もありますし、人は謙虚であるべきだという点もおそらくほとんどの社会で美徳とされています。真の自分と向きあう重要性はどの社会でも言われ続けています。

彼女は、これらを一つのパッケージに包んで、「人間活動」という名前（レッテル）を貼りました。この意味の〈詰め合わせ〉は驚くほど魅力的な意味の像（ゲシュタルト）を結ぶことに成功しました。ここに彼女の才能や独創性、クリエイティビティを見ても良いし、言葉の可能性を見ることもできます。誰もが知っている二つの単語（人間＋活動）を「人間活動」という言葉の組合せで名づけると、全く新しい意味のイメージが結ばれます。

これまでは誰も「人間」とは活動内容だと思っていませんでした。しかし宇多田さんは「ボランティア活動」「火山活動」などと同じように、私たちは「人間である」のではなく、「（新たな）人間になる」を意味するように、単語どうしを結びつけたのです。

レッテルを剥がす

これから、私も仕事をサボるときに「人間活動」と言いたいところですが、どうもそれはうまくいきそうにありません。なぜなら「人間活動」という言葉は「熱心に、謙虚に」、積極的に新しいことに取り組むことで、自分と向きあうという基本路線をもっているからです。それは失われたエネルギーをその分だけ補給する充電期間ではなく、もっとポジティブで、自分だけの時間だという方向が最初から示されています。

宇多田さんは、15歳からアーティストとして活動してきて、まわりが作り上げる「自分のイメージだけがどんどん大きくなって本来の自分とかけ離れてしまって」[2]、自分自身を見失ってしまったようです。まわりが作り上げるイメージとは、レッテル貼りによって社会が構成する意味のことです。宇多田さんは、自分で自分を意味づけるやりかたとは違う意味をまわりから与えられて、違和感がふくらみました。そこで「私に求められてたものから逃れて」自分と向き合った結果、「本当に生きている」と感じたそうです。

2 〝宇多田ヒカル「本当に生きているって感じがした」！活動休止経て本心吐露〟，RBB TODAY，2016-09-23，https://www.rbbtoday.com/article/2016/09/23/145468.html（参照2025-01-18）．

排除やいじめ、孤独に悲しむ人は、「人間活動」の機会を奪われていると言えるでしょう。「みんな」という力をもった大多数がいいねと認めてくれる「人間活動」だけに意味があり、「みんな」に意味があるとされないところに、あなたの「人間活動」の場がない状態です。「みんな」とは「その他大勢」のことでしょう。それは、あなたにとって顔のない存在（具体的な顔が浮かばない集団）ではないでしょうか。自分の居場所を求めるなら、レッテル貼り合戦という活動を休止するのはどうでしょうか。それは、「引退」でも逃げでもなく、新しい知らない世界を知ることであり、自分らしさのレッテルを探す旅です。「本当の自分と向きあう」ための旅だと思います。

たしかに、自分のアイデンティティは、まわりから意味づけされて構成されるものです。でもそれは絶対ではなく、つねに変化するものです。他の場所には、あなたの人間性を意味づけてくれる別の活動の可能性があるでしょう。

未知の何かに出会うことは、新しい自分になること

宇多田さんは、自分の人生を人間らしくしてくれる「場所」を、ここではないどこかで

はなく、「本当の自分と向きあう」という活動の中に見出しました。どこか遠くに行く必要はないのです。ただちょっと、新しいこと、知らないことを学んでみるだけです。ちょうど、ジェンダーが社会によって構成されて、一個人の中で「私はこういう人です」というアイデンティティ（「本当の自分」）ができあがるように、未知の何かによって、本当の自分が見える化されていく。学ぶとは、今とは違う自分になることではないでしょうか。

では何を学ぶのでしょうか。それには、一度まわりの声や雑音を遮《さえぎ》って、自分の声に耳を傾ける必要があります。何も興味を感じるものがないなら、心が動かされるものに出会うまで待つしかないかもしれませんが、そのときは誰もが知っているもの、いわゆる「古典」に立ち返るのが近道です。現代の古典として、有名な音楽や映画、小説、漫画やアニメもそこに入ります。多くの人に訴えるだけの力が、その作品にはあるのかもしれませんし、それは誰もが知っているので、特定の社会の共通基盤になるものです。

それこそが、あなたの孤独に窓や通路が開かれる可能性を与えるものです。知ってみた上で、自分の求めるものでないなら、他をあたればいいわけですから、「本当の自分」探しは、手近なきっかけからでＯＫです。きっかけを掴むのは「熱心に、謙虚に」、少しも知らないのに拒否しないこと、少しでも目に留まったものに手を伸ばすことから始まるはずです。

人生の意味づけは「述語」が変える

違和感から始めよ

私たちは、当たり前に聞こえますが、人間であることが前提です。宇多田さんにとっては、その活動（生きかた）の一つが「アーティスト」です。だから、アーティスト活動は、「私の活動はアーティストであることです」という意味の文に対応します。ということは、「人間活動」は「私の活動は人間です」に対応するので、この表現は一見、不自然です。

言葉の意味の上からも、ふつうは「人間」が先にあって、「活動する」と考えがちです。だから「活動」や「生きかた」、「人間」が主語になり、そこに人間のあらゆる種類の活動から具体的な何かを述語としてつけて、限定する必要があります。ところが、宇多田さんはそれを逆転させたのです。

彼女は、主語の「自分の活動（生きかた）」に述語の「アーティスト」をつけることに違和感を覚え始めます。本来なら、活動（生きかた）はあらゆる活動を含むので、宇多田さんが自分を表現する場合、「私はアーティスト活動をしている」のように自分に「アーティスト」を述語としてつけていいはずです。この述語は、主語の構成要素として「私」に含まれます。この文を発言する瞬間、「私」のほうが広くて、その一部が「アーティスト活動をしている」です。これは、自分の経験や感じていること、思っていることを表現する文の形式です。

ところが、自分の活動や生きかたである「アーティスト」（述語）のほうが「私」（主語）よりも大きな存在になってしまい、自分に収めることも、イコールで結ぶこともできなくなったのでしょう。

だから、「一回り大きくなって帰ってくる」必要を感じたのだと思います。言い換えると、「述語」を広げ深めるために「一個人としての本当の自分と向きあう」ことにした、というわけです。[3]

3　本章脚注1と同様.

「この人間（＝私）はアーティストです」と言えるには〈主語の「人間（私）」をもっと広げ、深めないといけない〉という気づきを得たことになります。この気づきを言語の問題として考えるなら、それは「私」（主語）を広げることだといえます。主語に広がりを出すということは、広く深い述語をつけることです。自分のアーティスト活動をもっと広げた深い活動や生きかたとは〈人間であること〉でしょう。そこで、主語の「人間（私）」を述語にするわけです。こうして、アーティスト活動＝「私はアーティストをする」ではなく、**人間活動＝「私は〈人間〉をする」**が誕生します。

むしろ熱心に、そして謙虚に、新しいことを勉強したり、この広い世界の知らないものごとを見て知って感じて、一個人としての本当の自分と向きあう期間になると思います。それは「アーティスト活動」とは違う、「人間活動」かな、と。

——宇多田ヒカル

「私は〈人間〉をする」という述語が指しているのは、〈熱心に、そして謙虚に、新しいことを勉強したり、この広い世界の知らないものごとを見て知って感じて、一個人としての本当の自分と向きあう〉という活動です。ですので、主語「私（＝人間）」と述語「〈人間〉をする」は異なります。主語にないものを含む述語です。述語のほうが、ずっと大きく広く深く、主語をすっぽり包むことになるものです。

西田哲学が注目する「述語」

日本最初の独創的な哲学者と言われる西田幾多郎は、このような「述語」の考えかたを提唱しました。その哲学は「本当の自分と向きあう」ための考えかたであり、「熱心に、そして謙虚に、新しいこと」を言語化するための思考でした。その実践を、私は「人間活動」という言葉に見出しています。

人間であるには、別に勉強する必要はなく、日々の必要なことを「熱心に、そして謙虚に」こなしていれば十分です。狭い世界に安住することを責める人はいません。でも、宇多田さんが「〈人間〉をする」「〈人間的〉であろうとする」と言うとき、その意図には、まず活動があって、その中で〈人間的〉か〈非人間的〉かが言える、先立つ前提は述語に出てくる活動であり、その活動は〈人間〉をすることであり、この述語にこれからの〈私〉という人間の未来が含まれている、と言っていることになります。

述語がどのように自分を決定するのかを考えることで、新たな思考が新たな自分を形づくり、進むべき方向を明確にしてくれます。この働きは、言語呪術の積極的な活用だといえるでしょう。

述語によって、テーマ（主語）が明確になる

このように見ると、宇多田さんの「人間活動」という言語化の出発点は、「自分と向きあう」にあったと思います。宇多田さんは、これを自分の経験として自覚します。**自分の経験を言語化するということは、「主語＋述語」の文にする、**ということです。

自分の経験＝主語（テーマ）＋述語

この形式で考えてみると、宇多田さんの経験の根本には「自分と向きあう」という活動があります。「アーティスト」は「人間」に含まれます。人間であることが前提条件であり土台です。ということは、大きい（広い）自分に成長するには、「人間」を大きく（広く）

しなければならない。土台となる「人間」が広く深くしっかりすれば、「アーティスト」は大きく成長できるはずです。このような思考のつぼみが彼女の言葉にはあります。

自分の中での自分の不在

私たちは、つい自分以外を基準にしてしまいます。それは社会性の表れであり、自分を例外化しないために不可欠です。ですが、〈自分を例外化しない〉と〈みんなと同じ〉とは別です。〈みんなと同じ〉とは「みんながもっているから欲しい」「みんながいいと言っているからいい」のように、いわゆる〈主語が大きい〉状況です。そこに自分自身が含まれているように思うかもしれませんが、その状況で〈自分自身〉〈自分らしさ〉は希薄化していきます。

私たちはこの本で、〈自分自身〉〈自分らしさ〉を探してきました。言語学や言語哲学から考えてきたのは、この問題の正体です。そこで、言葉とは〈自分らしさ〉を放棄することで、他の人との相互理解を可能にする道具である、ということから出発しました。それが記号の一般性という性質です。ところが、それによって表現される〈自分自身〉〈自分らしさ〉は薄ぼけてしまうことがわかりました。自分で自分の〈ありか〉がわからなくなっている。**自分の中での自分の不在が、さみしさや孤独感、居場所のない感覚の正体です。**

〈みんなと違う〉とはなんでしょうか。それは〈自分を例外化しない〉という重要な社会性に反しない〈自分自身〉〈自分らしさ〉の探究であり確保です。「みんな言っている（だから正しい）」「みんながもっていないから欲しい」「みんなと違うからいい」「まわりと同じなのはいやだ」という感覚は誰にでもあります。いわば〈述語が大きい〉状況だといえるでしょう。その述語は「違う」「同じじゃない」です。

この〈述語が大きい〉状況は、一般性ではなく、単独性とか特殊性、独自性の方向に広く無限に開かれていきます。言語学や言語哲学から考えるなら、この大きな〈述語〉に〈自分自身〉〈自分らしさ〉の〈ありか〉が見出されると思います。なぜなら、そこにこそ自分がいまここで生きて経験する独自で固有の世界が立ち現れるからです。

自分にしかない感覚を探る

「これ、おいしい！」「かなしい」「感動した」と表現される経験は、他のだれでもない自分だけの経験です。それは「おいしい」や「まずい」という記号の一般性に転換しなければ、自分でも明確に認識しないし他人にも伝わりません。でもその瞬間、自分固有の経験は一般性の中に埋没してしまいます。他のどれとも同じ「おいしい」や「まずい」になってしまいます。「おいしい！」「まずい！」と感じた瞬間は、他の誰でもない自分にしかない感覚や感情、経験ですから、その瞬間こそが〈自分らしさ〉が照らし出される場所であり、自分の〈ありか〉です。

ふだんだれもが、このように自分にしかない瞬間を生きているのに、それを表す言葉〈述語〉を深めようとはしません。これは自分一人でしか到達していない瞬間ですが、誰もが経験する普遍的なものでもあります。だからこそ、この自分一人の固有性を追求することは普遍的な意義があると思います。

私たちは、〈述語〉をスプリングボードにして、自分固有の経験の中に深く飛び込む、あるいは高く飛び立つ必要があります。そのためには、少し周りから距離を取り、大きな主語にばかり目を向けるのではなく、述語を深めてみてください。「私はアーティスト活動を止めて、人間活動します」は、ふつうなら〈間違い〉とされる述語のつけかたでしょう。でも、このような言葉で自分の心の底を表現せざるをえない経験がそこにあるわけです。それは、本当に自分が求めていること、本当の自分らしさに他なりません。

常識を覆したのは結果、出発点は常識を深めたこと

「人間活動」という独創的な表現のしくみをまとめましょう。宇多田さんは自分の経験から出発しました。自分のありかたを見つめ、直観し、その根本を「主語＋述語」に転換したわけです。そして「私は〈人間〉をする」「この活動は人間らしく生きることである」と言語化するにあたり、主語の「私」「私の活動」を大きなものとせず、述語の「〈人間〉をする」「人間らしく生きる」の意味を無限といっていいほど広く豊かで可能性に満ちたものにしました。

本来なら出発点や前提である「人間」を振り返り、常識を覆した、といえます。しかし実際は「人間」の常識を深めたというのが正確です。これが、新しい見慣れない表現なのに、わざとらしくなく、心に響く理由でしょう。そこには個人の経験に根差した自己の振り返りがあるからです。個人的である点で、独自であることは間違いありませんが、それ

は個人にだけ当てはまるのではなく、誰にでも当てはまるのは、「人間らしさ」の追求だからです。

宇多田さんにかぎらず、誰もが他の誰とも違う人生を歩み、比べようのない経験をしています。それを他の人と比べられるものに落とし込む言語化も可能です。でも、誰かとの比較ではなく、いわば自分との比較として、**自分自身と向きあうことは、他人に依頼できません。**自分への気づかいによって、自分の心の声を聞き、それを言葉にすることは、他でもない自分にしかできないことです。

一般化できない「述語」に目を向ける

自分の経験（心の声）を「主語＋述語」にするとき、出発点である経験の根本（意味の塊）が比べようのないものであることに気づくべきです。つまり、一般化できない部分に目を向けるべきです。それでも、聞き手も人間である以上、経験の根本として出発点として直観した「意味の可能性」は、誰にでも当てはまるという普遍性をもっています。

そして、「意味」とは、述語の「〈人間〉をする」―「人間らしく生きる」で確認したように、この言葉の適用できる範囲であれば無限に展開できる性質をもっています。誰にでも通じる言葉を用いながら、人は無限にバリエーションのある表現を常に話しています。だから、表現の限界はそこにはありません。ただ、言い表そうとする出発点としての「意味の塊」に耳を傾ける必要があります。

そのためには、自分自身の奥底の声にまで耳を澄ませ、「言いたいことはこれ！」と直観する必要があります。それは、まだ文にはならない「意味の可能性」です。それに光が当たり、直観されたら、今度は自分の心の中から、言葉という別の場所に連れ出します。それが「主語＋述語」という文の形式で語られる言語世界です。

もちろん、「人間活動」という名詞でも、形容詞や副詞でもいいでしょう。ただその意味をわかるようにするときは、いつでも「主語＋述語」という文にすることになります。この形式に落とし込むとき、本来の「意味の塊」が含んでいた豊かさ、無限の可能性を文の中に反映させる必要があります。

「人間活動」であれば、それを文に展開したときの「私は〈人間〉をする」「この活動は人間らしく生きることである」「この活動は人間的である」で述語にあたる「〈人間〉をする」「人間らしく生きる」の部分に、豊かな広がり、無限の可能性があることを意識するということです。

それによって「人間活動」は、本来、狭い意味である述語「人間」が、実は無限に広いことを示しました。常識から外れている表現に見えて、実は真実を突いていることになります。

主語より述語――「傷」より「痛い」に注目する

ストレスから爪を噛んだり、指の皮を剥《む》いたりしてしまう人がいます。その傷は〈身体が表現する苦しみ〉の記号です。この経験は「傷が痛い」と言語化できます。あなたは「傷」にフォーカスし、「自分はストレスを抱えている」と考えるでしょう。さらに、そのフォーカスを外に向けると、「会社が悪い」「親が悪い」と言います。

しかしフォーカスを当てたものが主語（話の主題）になるので、「会社」や「親」のように主語を変えるとフォーカスしたい「自分」をとらえることができません。

そこで、述語「(自分は) ストレスを抱えている」「(傷が) 痛い」にフォーカスを当てましょう。「痛い」という述語は、いまの自分の経験です。**述語とは、主題の意味をより具体化し、明確にしていくもの**です。この具体化・明確化は、範囲を狭めることではありません。述語の範囲は本人が思っている以上に広く、無限の可能性があります。

ですので、傷を説明するために、このストレスは自分が頑張っている証拠だ、いま自分は戦っている、努力しているんだ、と心をこらし思いを深めてみます。もしかすると、癒えていない過去の心の傷の表れなのかもしれませんし、誰かにその傷に気づいてほしいのかもしれません。

できたら、いちばんよくて、いちばんいいものを選びとりましょう。すると、その傷は治したほうがいいにせよ、恥ずかしさや弱さの象徴ではなく、あなたの「頑張り」「努力」「強さ」の表れだ、のように見ることができます。同じ経験がもつ意味の可能性は、決して限定されておらず、無限に開かれています。

それがどんな意味かをとらえるのは、経験の主体である自分です。その苦しみはあなたの苦しみなので、どのように苦しいのか、どのくらい耐えているのかという自分の声を聞くことができるのは自分しかいません。これは**ポジティブな孤独**です。なぜなら、この孤独は、自分の隠れた価値を見つけてくれる人が〈少なくとも一人は必ずいる〉という希望だからです。

同じ出来事も、立場や価値観が違えば、眺める景色が変わります。傷といった経験の意味は、本人にしかわからない無限の可能性に開かれています。言語化はフォーカスを当てた経験（主語）の意味を限定することではなく、その意味を無限の可能性（述語）へと開いていくものです。そこに、言葉によって癒やされるという新たな展開が生まれます。

一般化とかけがえのなさ

言葉は「一般化」も「個別化」もできる装置

作家の村上春樹さんは、2009年にイスラエルの文学賞「エルサレム賞」を受賞しました。戦乱の絶えることのない地域で、村上さんは戦乱の被害にあっている弱い一人ひとりのために書いている、と宣言しました。自分が言葉を紡ぐ理由はたった一つ「個々の魂の尊厳を浮かび上がらせ、光を当てること―「個々の魂のかけがえのなさを明らかにしようと試み続けること」にほかならない、と述べています。[4]

村上さんによると、個人の前に立ちふさがり、生きた魂をないがしろにする存在は「システム」と呼ばれる没個性です。それは社会や国家といった、顔のない怪物です。それは、壊れやすく傷つきやすい一人ひとりの個性を無に返してしまうシステムです。個性を没個性に転換し、かけがえのなさをその他一般に転換する装置です。たとえば戦争もそうですが、社会や国家という尺度で考えるとき、そこには平均化された人間の残骸《ざんがい》しか見当たりません。それぞれの人がもつ感情も、歩んだ人生も、そのような大規模な全体の前ではかき消されてしまいます。

誰もが顔のない怪物である巨大なシステムに対してははかない存在です。その弱さを補い合い、支えになり、それぞれの歩んだ物語や記憶をつないでいけるのはシステムのほうではなく、システムを作り上げている私たち一人ひとりです。そのことに気づいてもらうために、村上さんは、個々の魂のかけがえのなさを物語にして伝えようとしている、と思われます。自分たちのかけがえのなさに気づいてもらうために、自分たちの弱さこそが互いに助けあうことを可能にする転換装置であることに気づいてもらうために、私たちは言葉に頼り、言葉を紡ぐことが必要なのです。

言葉も個性を一般化してしまう装置ですが、しかし個人個人の歩んだ人生の記憶を保管する装置でもあります。そして、それはこれまで見てきたように、他の誰でもない自分を言葉として形にする装置です。しかも、誰もが手にしていて、そして自分固有の感情や考えを誰にでも届けることのできる装置です。できたら、ちょっと考えることで、誰もが思いつかない表現すら作り出すこともできます。そして、それが思わぬところで誰かの助けにもなります。

一つの文化から距離をとる

20世紀の思想に絶大な影響を与えた人物に、エドワード・W・サイードという人がいます。彼は、エルサレム生まれのキリスト教徒パレスチナ人で、アメリカに移住しました。彼は、人間とは自分の文化的な故郷から距離をとるほど、精神は偏狭さから自由になって、寛容さを獲得でき、自分自身に対しても、他者に対しても、異文化に対しても、適度な距

4 〝村上春樹のエルサレム賞受賞スピーチ「壁と卵 - Of Walls and Eggs」〟，村上春樹新聞，https://murakami-haruki-times.com/jerusalemprize/（参照 2025-01-18）.

離と親しみをもつことができるようになると言いました。私はこの「離れること」が普遍性を獲得することだと思います。

それは、世界に対して、行きすぎた執着をもつことでもなく、よりよい判断を下すことができるようになるための距離のとりかたです。それは、「みんな違って、みんないい」で思考停止するのではなく、よりよい状態を共同で見つけていこうとするときに必要な節度でしょう。

「みんな違う」のは当たり前です。「みんな」は個々人をシステムの中に埋没させ、一般化しているにすぎません。一般性とは没個性、名前のない怪物です。それは無個性ですから、良いも悪いもありません。でも、個々人としての「みんな」は、かけがえのない生きた精神です。その一つひとつの〈私〉を救い出すことは、言葉を記号として用いるのではなく、かけがえのなさを反映させるしかたで、自分自身の鏡として用いることです。

現在の〈私〉を活動停止して、もっと広く〈私〉という特異点を追求していくこと。すると、自分が前提にしてきたもの、常識、あるいは固定観念といった「文化的な故郷」から自分を解放することになり、またそこに戻ったときでも、適度の距離感と親近感とを組み合わせて、過度な思い込みに陥らないですむ。なぜなら、そのとき〈私〉の探究は、他の人も「それはいいね」と思える普遍性を獲得しているからです。

言葉にはかけがえのない「含み」がある

言葉はコミュニケーションの道具ですが、その言葉はいつでもどこでも通用する記号であるだけでなく、この人のこのときの思い、あの人のあのときの思いといった、きわめて具体的なものと結びついています。

記号として言葉が、対話の現場で、互いに協力しあう相手の個性や思いなどを指し示すとき、私たちは意味によって、あるいは意味の中で相手に出会っています。ですから、出会いとしての意味とは、預金のように銀行に預けて、別のお金として引き出したり換金したりして使う記号ではありませんし、土地やビットコイン、食料や衣服と交換できる消費の道具でもありません。消費の対象ではなく、交換することもできない意味がある状態を「**かけがえのなさ**」といいます。

あなたの大切な人が言った特定の言葉は、それ以外の何者でもない「含み」をもっています。それは知らないだれかが言った同じ言葉とは違う「含み」をもちます。大切な人がくれた思い出の品が、どんな高級品よりも大切なのは、それが体現する「かけがえのなさ」のせいです。そんな具体的な顔を持った言葉こそが、あなたの心を動かす力となり、あなたを形成するでしょう。

そもそも「みんな」に自分は含まれていない

他人の言葉で自分に気づく

言葉の呪術的な力は、人の心を変えます。そんなエピソードを小学校一年生のお母さんが語っています。

1年生の息子のクラスでキャラクターの下敷きや筆箱が流行った時期があり、みんな持ってるからほしいと言われました。ちょうど参観だったので見てみたところ、みんなといっても5人くらい。息子が本当にそのキャラクターを好きだとも思えなかったのですが、「本当にそれが好きなら、下敷きだけなら買ってもいいよ。下敷きは1年くらい使えるけど、2年生になっても大事に使う?」と聞いてみました。すると、最初は「うん!」と答えましたが、次の日、「やっぱり今のを使う、そんなに好きじゃなかった」と言ってきました。[5]

この少年にとっては、たとえ5人でもそれはいつも会う「みんな」です。それが彼の日常のほとんどです。そんな「みんな」の「ほしい」という感情が、自分の感情でもあるかのように感じるのが「みんなもってるからほしい」の正体です。これは自分の本来の感情ではありません。

実際、少年は「本当にそれが好き」なのかという自分の心のありかを確かめたとき、「好きじゃなかった」と気づきます。注目したいのは、少年が自分の本心を探し出すためには、他人の言葉がスポットライトを当てるように手助けしてくれ、初めて自分の感情に

5 〝子供の「みんな持ってるから買って」に対する親の最高の返し方〟、ＣＨＡＮＴＯ ＷＥＢ、２０１９-１１-２８、https://chanto.jp.net/articles/-/146711?display=b（参照 ２０２５-０１-１８）.

気づいた、という点です。少年は対話を通して、自分らしさに気づいていきました（主体性を確立することができた、といってもいいでしょう）。

比べようもない〈私〉を比べるのが不幸のはじまり

私たちの経験、つまり生きるその一瞬一瞬は、その前のと比べようのない新たな経験です。ちょうど、恋をするそのたびに、初恋をするのと同じです。恋する相手が同じ人だろうと別の人だろうと、愛おしいと思う気持ちはそのつど新たな思いでしょう。

ところが、私たちは、その経験を言葉にするとき、本来なら比べることのできない個別のものを比べてしまいます。それは本質を見抜くのではなく、本質を覆い隠してしまうことだといえます。そして、比べようもない瞬間どうしを比べるときに、孤独を寂しいと感じてしまいます。それは、二度と戻ってこないことがはっきりするからでもあるし、目の前にないものがよりよく思えてしまうからでもあるといえます。

でも、これは二重におかしなことです。比べようがないのは、それぞれが独自の価値があるから、という理由のほかに、もう一つ理由があります。比べるためには、その両方から距離をとって並べてみることができないと、比べようもありません。でも、誰一人として、いまのこの瞬間の外に出て、その前の瞬間と比べることはできないし、過ぎ去った瞬間どうしを比べることも、実はおかしな話です。なぜなら、私たちが、比べるのは〈私〉個人の経験ですが、誰一人として自分の外に出ることはできないはずです。他の人は〈私〉の外にいるとしても、その他人と比べたい〈私〉は、たとえそれが一瞬前の〈私〉であっても、〈私〉の外にいるわけではありません。

「レッテル」があなたを比較可能にする

私たちはつねにそれぞれの瞬間を生きており、その瞬間の外に出ることはできません。それなのに、それぞれの瞬間の外に出て、そのときの瞬間とあのときの瞬間とを比べている。私たちの生とは、無数の瞬間が完全に溶けこんで一つの瞬間を生きることの積み重ねです。それなのに、無数の瞬間の外に出て、それらを個々に切り離して、比べる。これは、自分が他のすべてから超越し、例外であるかのように思うのと変わりません。すべてから切り離され、例外化された存在が、孤独であるのは当然です。比べることから生じる不幸は、比べられないものを比べるというスタートが間違いなのです。

そして、そんな間違いが間違いじゃないように思えてしまうのは、言葉がそうさせてしまうからです。**言葉は、比べようのない個別の人生、出来事などの〈ものごと〉を一般性に置き換えてしまいます。**この一般性が犯人です！

第1章で見たように、一般性はとても便利です。それはどれ一つとして同じではない〈ものごと〉を情報として、いつでも誰にでもわかるように一般化するからです。一般化は、独自性や特殊性、個性を取り払うことです。ちょうど〈お金〉のように。

お金は、数値という一般性にだけ注目できるので、赤いリンゴも、ハンバーガーも、ジュースも、同じ値段であれば、いつ作った100円玉でも同じ枚数で交換できます。そういう便利さが一般性です。そして、言葉もこれと同じです。人によって声が違うのに、やはり〈同じもの〉として理解できます。誰が「リンゴ」と言おうと、どのリンゴを指そうと、なまりがあろうと、文字が読みにくかろうと、異なるリンゴを〈同じもの〉として理解できます。

同じように、私たちは自分が生きた各瞬間や自分の人生、あるいは他人の人生も、「人生」や「経験」のような言葉で一般化してしまいます。全く違う経験をして生きてきた人を、「男」や「女」に置き換えたり、「社会人」「会社員」といった身分や職業に置き換えたり、28歳、35歳、47歳といった数字へ置き換えたりして、一般化してしまいます。一般化はレッテル貼りです。そうすることで、同一のくくりができて、わかりやすくなります。同じくくりに入れることで、何か比べられるような気になってしまうのです。

でもそのとき、注意から隠されてしまい、失われているものが独自性や個別性、個性です。自分を自分らしくするのは、自分以外の誰でもないこと。〈私〉の経験です。そこから〈私〉らしさである独自性や個別性、個性を差し引かないこと。これは〈私〉を〈比べない〉ことです。

私たちが幸せを感じるポイントの一つは、独自性や個別性、個性です。不幸とは自分の人生に何か欠けている、足りないと思うことでしょう。ですので、幸福感とは自分が満たされている、と思うことだとすれば、〈比べない〉ことが満足感をもたらすことになります。

思考を方向づける呪縛

言葉には、「誤解」がつねについてまわります。そのしくみは先ほど述べたように悪用されることもあれば、聞き手の心にポジティブな効果をもたらすこともありえるでしょう。

だからこそ、言葉は人を根底から傷つけることができてしまうのです。

身体の傷は時間が経てば治るでしょう。心に傷を負わせる言葉は、一度しか言われなくとも、それが記憶と結びつく以上、思い出すたびに傷つけてきます。言われた言葉を思い出すたびに、犯人はもうそこにはいないのに、遠隔操作で、あるいは時限爆弾で、繰り返し新たに傷を負わせるようなものです。

「女の子なのに算数が得意なんだね！　すごいね！」とほめるとします。するとなぜかその子の成績が悪くなる、という現象が知られています。これは聞き手が言外の情報を察知するからです。言外の情報とは、「女は算数ができないのがふつう」「女は算数はできなくていい」「女なのに算数ができると目立つ」「目立つとよくない」という前提や枠組みのことです。これは、思考を方向づける呪縛に他なりません。

このような言葉による呪縛は、社会によってなされるだけではありません。個人によってもなされます。男女を問わず、お前は勉強ができない、お前はバカだと言われ続けたら、自信をもてなくなるのは当然です。でも、勉強だけが人間の可能性のすべてではありません。むしろ、勉強などは、無限にある可能性の前ではどうでもいいことでしょう。ただ、現在の社会は、読み書きを基本にしていて、情報処理能力があればあるほど特権を享受できるしくみになっています。それを基準にすると、勉強ができることが情報処理ができることと同じとされてしまうだけです。

でも、これは明らかに、人間の可能性や価値を「勉強」なり「情報処理能力」に限定するほとんど主観的な判断です。女性のありかたを、男が勝手に決めることが一方的な主観的判断であるように。これらが言葉によって実現していることに注意しましょう。言葉は、このように社会やそれを構成する人間の考えや生きかたを方向づけてしまいます。

言葉の呪術から自由になる

でも、言葉の暴力は、使いかたによっては**頼れるもの**になるのも事実です。私たちは、言葉とは文章を聞いたり読んだりする道具であり、言葉の意味を情報として受け取ること、そこから知識を得る、と考えがちです。確かに、文章を聞いたり読んだりすることは、それを受け取る人の魂の糧になったり、それが心無い言葉や悪意に満ちた言葉なら癒えない傷になります。

しかし、言葉を受け取ることは、受け手が自分の心を見つめる行為でもありえます。言葉とは、受け手の精神を映し出す場であり、精神の鏡なのです。鏡そのものは変わることはないのに、そこにさまざまなものを映し出し、それを見る人の心は変わることがあります。自分を映しても、その日の気分で違う印象を受けるようなものです。同じ言葉を聞いたり読んだりしても、その時々で、違う印象を受けることがあります。つまり、違う意味を受け取る、ということです。

このように、違う意味を発見することは、言葉の力を引き出すことだと思います。それは「女だからこうしなさい」「男だからこうしなさい」という呪いの言葉を、書き換える力にもなるはずです。言葉に無限の意味を見出すことは、言葉の豊かな可能性です。私は、それは「転換」（書き換え、言い換え、読み換え）によって可能になると思います。ちょうど、宇多田さんが「人間」の意味、「活動」の意味を転換したように。そうでなければ、謝罪が本当に謝罪として機能することもないはずです。

というのも、「謝罪」はある種の「書き換え」だからです。謝罪は、ある行為が不適切だったとき、その行為の本質を言葉にすることで共有することです。誰もがアクセスできる状態に置き換えます。それが言語化です。この言語化は、不適切さを言葉という〈ピン〉で固定し、それがどう不適切かに「しるし」をつけます。さらに、それが適切であるには、どうすべきだったか、過去が変えられない以上は、未来をどうしたらいいか（どのような適切さを実現したいのか）を具体的に描き出します。

こういった儀式が重要なのは、過去がもはや記憶や記録といった〈言葉の世界〉に移行してしまっているからこそ、その過ちをめぐる言葉を改めて意識できるように転換するからです。そしてその過ちを、よりよい未来の土台へと置き換えることを共同の作業として行うことだからです。

痛みは美しい

歌手の「ちゃんみな」さんは、つらい過去をよりよい未来に転換し、言葉の力で生きる意味を見出した実例です。彼女が誰かに向けて行う言語化は基本的にどれも、これまで否定されてきた自分を肯定できるよう、聞き手をポジティブな気持ちにさせる「呪術」です。それを彼女自身に向けたのが「痛みは美しい（PAIN IS BEAUTY）」という彼女の「座右の銘」であり、同名の楽曲です。

「痛み（pain）」という言葉は、「テストの点を取りたいから勉強する」みたいな努力という苦しみも、悲しい経験やトラウマも含まれます。そういう経験があったからこそ「将来、絶対にその分だけ綺麗になると思うし、その分だけ強くなれる」という意味を込めているとのことです。[6]

彼女は小学生のころ、2年近くいじめられました。高校3年生でラップの選手権に出ると、不特定多数の人から心無い言葉を言われ「死にたい」と自暴自棄にもなりました。しかし彼女は、つらさを経験していない人はいないと言います。その傷ついた経験が、自分自身を大切にするのはまず自分だという考えにつながりました。過去の悲しみを踏まえてこそ、今の強い自分がある。それは美しいことだ、という意味が「痛みは美しい」には込められています。[7]

そして、その自分への「優しさ」が、傷ついている他人への想像力へと高められるなら、それは誰もが納得する「美しさ」でしょう。彼女はこの言葉に、優しさや可愛さやかっこよさなど、ポジティブなありかたを代表させています。

「痛みは美しい」は、彼女の実際の経験に根差したものです。大事なのは、「それってどういうこと?」と聞かれたら、自分の過去（現実）や感情、考えを「物語」としてこの表現を細やかに提示し直せる、ということです。実際の経験や現実だから重要だ、ということではありません。実際の経験だろうと、深く考えたことだろうと、「物語」としての再現性が必要だということです。それが聞き手を納得させてくれます。「説明」では、なるほどね、という知的な理解で終わってしまいます。

ところが、ファンタジーやSFは人の心を揺り動かします。なぜかというと、その「物語」が自分で実際に経験するよりも細やかな観察や、自分で実感できないような細やかな思考や情緒を与えて、心に再現してくれるからです。

これは、たんに解像度が高いだけでは、人は納得しないことを示しています。そもそも「人間活動」や「痛みは美しい」という表現は解像度が高いとはいえません。にもかかわらず、それらが含む高い物語性が、聞き手に反映して新たな行動や思考、感情を生み出す力をもっています。

6 "ちゃんみな『PAIN IS BEAUTY』インタビュー「すべての痛みが美しく見えるんです」", Billboard Japan, 2018-11-30, https://www.billboard-japan.com/special/detail/2536 (参照 2025-01-18).

7 "「PAIN IS BEAUTY」オフィシャル・インタビュー公開!", Warner Music Japan, 2018-11-16, https://wmg.jp/chanmina/news/82493/ (参照 2025-01-18).

これが可能になるには、自分の中に星座を描き出すように、不可欠のポイントどうしを結び合わせて、新たな自分を形づくることです。これは「相互作用性」「相互反射性」と呼ばれ、言われた意味を具現化する「反応」でなく、向こうから来た意味によって、自分に新たな出来事が生じるという「反映」の効果を指します。これが言葉の力であり、言語の呪術的な機能だと思います。物語性の高さやその効果の高さは、反射性（リフレクティビティ）の高さです。

「痛い」と「美しい」は対立するといえます。でも彼女は、その二つを「痛みは美しい」とつなげました。「主語」と「述語」が普段なされないようなつなげかたになっているからこそ独創的です。ちょうど、「人間」と「活動」とを組み合わせたように、誰もこれまで隣接すると考えなかった二つの要素が直結することを「ちゃんみな」さんは発見しました。これも彼女が自分の日常的な経験を徹底的に深めた結果です。

スティーブ・ジョブズが独創性とは組合わせだと言いましたが、まさにアーティストはそれを実践しています。ここでも「述語」が「主語」を含むことに注目してください。「美しい」を構成する要素は「痛み」の経験です。それがあったからこそ、自分にも他人にも優しくできる今の「美しい」自分がある。今が昔を含み、述語が主語を含んでいます。

独創性は、限られた天才にしかないものではありません。「ちゃんみな」さんが、誰もが悲しみやつらさを経験していると言うように、これは誰もが納得でき、誰もが言葉にできる経験でしょう。そして「痛みは美しい」という言葉が彼女の座右の銘ということは、この言葉が彼女に今もなお繰り返し勇気や希望、力を与えている、と理解できます。

言葉による未来の創出は、被害者にとっても、過ちを犯した人にとっても、嫌な記憶を思い出すことではなく、過去の呪縛から前に進むための力に転換することです。

最終章

「月がきれいですね」が「あなたが好き」になるとき

征服は偉大さの代替物である

偉大さには二種類しかない。
精神的な秩序という真の偉大さ、
そして世界征服という古くからの嘘である。
他者を力で支配する偽りの偉大さは、
真の偉大さを捨て去ることである。

シモーヌ・ヴェイユ. 1949.

孤独感の正体

「みんなでいる安心感」という孤独

宇多田さんの「人間活動」を素晴らしいと思うのは、他にも理由があります。**それは自分を孤独に置く点**です。この場合の孤独は「ひとりでいること」、ポジティブな意味もはらむ「ソリチュード(solitude)」です。

自分の意味＝イメージを押しつけてくるまわりから、少し距離をとって、自分の意識を「まわり」ではなく「自分」に向けること、かけ離れてしまった社会的な自分ではなく、「本来の自分」に気づく作業です。

「まわり」とのつながりがなくなるのは、人を不安にさせます。社会から気づかれず忘れ去られていくのではないかという不安ほど恐ろしいものはないかもしれません。しかし、社会から適度な距離を持たなければ、自分自身を見失うことにもなります。ここで社会とは「みんな」と呼ばれるものであり、具体的な顔がありません。「みんなと一緒」とは、量産品のように、社会が求める意味や価値、イメージにぴったり当てはまり、「没個性」ということです。そこにあなた自身の個性はありません。

自分以外の「みんな」を基準にしているとき、あなたの意識は自分ではなく、他人に向いています。

自分をケアする一番身近な人間は自分であるはずなのに、自分を棚にあげて、他人ばかり気にしていたら、自分のケアがおろそかになります。だからこそ、「みんなと一緒」にいるのに満たされない思いや孤独感をますます覚えるのでしょう。いつも誰かといるのに、孤独を感じる、幸福感がない、満たされない、というのは、自分が自分を置いてきぼりにしてしまうからです。

「みんな」の基準が気になるのは、人間が社会性を特徴とするからには、なくてはならない性質です。でもその「没個性」こそが、ときに自分自身をないがしろにしてしまいます。

では、どうしたらいいのでしょう。

「月がきれいですね」が「あなたが好き」になるとき

利害関係を超えた幸福な関係性

漫画やアニメの中で、「月がきれいですね」が「あなたが好きです」の意味で用いられることがあります。

夏目漱石が英語を教えているときに、学生がI love youを「私はあなたを愛する」と訳しました。すると漱石は、日本人はそんな言葉を口にしない、明治時代の男女なら、せいぜい「月がきれいですね」くらいだろう、と注意した、というエピソードが元になっています。[1]

どうして「月がきれいですね」と言語化することが、二人にとって「愛している」と口にするのと同じくらい意味をもつのでしょうか。この点こそ、言葉の力を示すと思います。言い換えれば、没個性的な言葉の並びが、個人の感情そのものになる、ということに関わ

1　ただし、豊田有恒『あなたもSF作家になれるわけではない』（徳間書店、1979年　p141）にに「月がきれいですね」ではなく「月がとっても青いなあ」とあります。

るでしょう。

今ここに互いを大切に思う二人がいると想像してください。その二人が月を眺めて、「月がきれいだね」と言うなら、その二人はあらかじめ、自分たちが同じものを同じように感じることができることを確信しています。二人は、相手が何を素敵だと思うのかをよくわかりあっている。そのようなことが可能なのは、仲の良い家族の誰かか、親友か、恋人かもしれません。だからこそ、この言葉を口にできるとき、そこにいる二人はすでに互いをよく知っていて、信頼していて、何を考えるのかが手に取るようにわかる、ということだと思います。

たとえ離ればなれでも、同じ目標や理念をともに見ている関係性です。誰かがそばにいて孤独じゃないという安心感を与える状況や、たとえ遠く離れていても同じものを見て同じ気持ちを共有する具体的な誰かがいる状況で、自分は孤独ではない、わかりあえる人がいると感じている状態です。この関係性は、友愛や家族愛を含むようなだれか具体的な大切な人がいて、その人とは同じ目的をもち、ほとんどの利害が一致するものでしょう。

だから、この二人が「月がきれいですね」と同意しあうということは、自分たちが利害の一致した**最も親密な関係であることをわかった上で、言語化して再確認している**状況です。

したがって「月がきれいですね」は、人類愛のような普遍的な愛の形を表していません。むしろ「あの人ではなく、この人が好き」という、それ以外のすべての人を排除して選び取った恋人や、他のだれでもない愛しい我が子のような特定の対象への愛（あるいは執着）の関係性を指し示すと理解できます。

「かけがえのない存在」に至る物語を共有する

さらに範囲を広げましょう。私が独り月を見上げて「きれいだな」と思ったとき、何百キロか離れたところにいる自分の大切な人も、同じ月を見上げて「きれいだ」「一緒に見られるとよかったのに」と思っていると想像できるならば、それは、自分の大切な人だからこそ、その人が何に心を動かすのか、よく知っているということです。

心が誰かと通じあう状態を、「孤独」と呼ぶことは難しいのではないでしょうか。

もっと範囲を広げましょう。ふと満月を見上げて遠吠えをする犬の気持ちまでわからなくとも、私たちは、人間ならたぶん誰でも月を美しいと思うだろうと確信しています。それは、真っ暗な夜空に無数の稲妻が光って、世界が揺れるように雷が響《ひび》くとき、ほとんどの人が美しいと思うと同時に、恐ろしさや圧倒される感覚を持つと予想できるのと同じでしょう。高い山の頂を遠くから眺めるときにも、その山の姿に圧倒され、畏敬《いけい》すら感じるでしょう。この感覚を「崇高」として考察したのは、ドイツの哲学者カントです。

その瞬間こそ「月がきれいですね」が特定の対象への愛（あるいは執着）のような利害関係を超えて、深い愛のありかを示すときだと思います。「月がきれいですね」が執着や利己的な愛を超えた深い心としてとらえられるとき、そこにはその人の歩んできた人生という「物語」への敬意や共感、そしてその人が存在するに至るはるかな時の流れへの畏敬を込めた「まなざし」が感じとられているでしょう。

「月がきれいですね」と同意しあう二人は、圧倒的に高い山よりも手の届かない宇宙に大きく輝く月に崇高さに似た感情を抱いて驚嘆し、ため息をついて、これ以上言葉が出てこないかもしれません。無限の宇宙に魅惑《みわく》されながらも、深淵《しんえん》を覗くときの恐怖に似た驚きを感じると思います。それは決して到達できず、ちっぽけな自分がますます小さく感じるような感覚です。

それは「月がきれいですね」の「きれい」や「美しい」のように文化や個人で基準が変わる価値観ではなく、おそらく人類に普遍的な感覚です（犬や猫にも共有されているのかもしれません）。それは月の荘厳さ、宇宙の計り知れなさに圧倒される感覚の表現に他なりません。

空に浮かぶ月は、あらゆる人の利害関係からも、打算や損得勘定からもビジネスからも無関係です。利害や損得を基準にするビジネスは、消費の対象を扱います。消費対象であれば、ファッションか何かのように「これが今年の秋の『美』の先端です」といって月が浮かんできたり、「ちょっと今月は月にたくさん行きすぎちゃった」などということになるでしょう。でも月はそういう消費の対象ではありません。

だから、月を美しいと言うのは、特定の人や物を「美しい」と呼ぶのとは全く違います。何の打算も、利害関心もない状況で、「きれいだね」と感情を出すことができる相手は、お互い相手を利用しようとしていない関係です。利害関係がなければ、実は自分の知っている人だけではなく、見ず知らずの人でも同じ感動を共有することができるといえます。何の打算も、利害関心もない「まなざし」が月とその背後に広がる無限の宇宙に向いているとき、「きれいですね」が向かう先は、誰かと交換可能な消費対象としての「あたのです。だからいつも、「まなざし」には、それがどの時代のどの人から向けられたものなのかがはっきりわかるような、誰でもない一人称性があります。その「まなざし」は、どこまでも個別的なのです。同時にそれは、誰でもいい「あなた」ではありません。その「まなざし」は、他の誰でもないあなたしか紡いでこなかったはるかな時の流れの「物語」、そのような「物語」が誰にでもあるという普遍性への深い畏敬や崇敬、共感をしっかりととらえています。このような自覚なしに、私たちは愛する人に、月、花がきれいだ、この料理は美味しいね、と語りかけます。

このような交流を可能にする言葉、このような慈《いつく》しみの心情を結晶させる言葉は、それ自体がはるかな時の流れの「物語」を背負う「まなざし」であり、無数の人々の関わりなしには存在しえなかったものです。私たちは一瞬一瞬のかけがえない経験を愛おしむのと同じ細心の注意で、言葉と関わる必要があると思います。

孤独(solitude)の先に孤独感(loneliness)の解消がある

死んだ人ともわかりあえる

カミュの言葉となったヴェイユ

他の人といつも一緒にいることは、自分の注意や意識、気づかいが自分以外の人に向かっていることです。そのとき、自分は自分を無視している状態です。自分自身と向きあうとき、初めて自分自身をケアすることになります。

孤独は、ふつうネガティブな意味で理解されます。しかし、自分の意識が自分だけに向かうのは、自分独りの時間です。

とはいえ、なかなか自分だけで自分と向きあうのは、難しいと思います。そこで、私が思い起こすのは、フランス人のノーベル賞作家、カミュです。彼は不条理の作家といわれます。彼は、この世が不条理であり、人生に価値や意味を感じない状況を描きました。しかし彼はシモーヌ・ヴェイユという思想家の文章に出会うことで、不条理の世界に「価値を生み出す共通の場」があるのだという希望を見出す作家へと変貌します。

すでに亡くなっていて会ったこともない、シモーヌ・ヴェイユの文章を読んで育んだ彼女との共鳴が、ノーベル賞につながった、と彼は考えています。カミュは、**死が二人の友人を隔てることはない**、と言います。[2] 死によって別れが訪れても、友情の障害にはならないどころか、心の共鳴を深めうる、という実例がここにあります。

これは勇気づけられる言葉ではないでしょうか。死は人間関係を永遠に終わらせる終止符にならない、死は友情を育むのに邪魔にもならない、というのです。

カミュは「友情」の意味を極限まで突き詰めます。常識的には、友人を作るには、生きて活動する誰かと出会って、一緒に行動し、その中で友情を育む、と考えるでしょう。それは、たくさんいる人々の中から、自分の精神と共鳴する人を選ぶことです。

カミュは決して出会うことのできない人の言葉を通してその精神に共鳴しました。彼女の言葉を繰り返し読むことは、彼にとって友情を育むことに他ならなかったのです。

一見すると、常識を覆して、みんなが思っている「概念」を打ち壊しているように見えます。でもこれこそ、常識を深めることが独創性を生み出す典型例だと思います。

カミュがヴェイユの言葉について誰かと語りあうことがあったとしても、彼女の文章を読むという作業そのものは、カミュ個人の体験です。ヴェイユの言葉がカミュの心にしみわたる経験は、彼だけの中で起きる彼にしか味わえない出来事です。孤独《ソリチュード》な作業といってもいいでしょう。その孤独な対話の中で、言葉となったヴェイユがカミュにさまざまな意味をもたらしてくる。ヴェイユは肉体を失い、そこにあるのはいわば純粋な精神だけです。カミュは、ヴェイユが言葉そのものに変貌して語りかけてくる経験をしたといえます。そして、ヴェイユの精神に共鳴し、真にわかりあえる友人だと思ったわけです。

中国の古典『論語』の冒頭に、「朋が遠方から来てくれる（朋あり遠方より来たる有り）」という有名な言葉があります。これは同じ志（理念や目標）を持っていると、身近な人間関係や血縁とは無関係に、遠くからでも価値を共有できる人が訪ねてきてくれる、という意味

2 Robert Zaretsky. The Subversive Simone Weil: A Life in Five Ideas. Chicago and London: The University of Chicago Press, 2021, p.92.

です。[3]

カミュの場合、「朋」は過去から来ました。しかしそれは決して不自然ではないと思います。なぜなら、言葉は時空を超えるからです。はるか昔の本から、私たちは学ぶことができるし、電話やメールのように離れた場所から届く言葉で、心を動かされます。その言葉を発した人がいま生きているのか、いま目の前にいるのかは重要ではありません。

孤独《ソリチュード》は「自分だけをケアする時間」

そもそも、私たち一人ひとりが比べようもない独自性や個別性、個性であり、それぞれの経験がだれとも違う場所、角度、感情を伴います。だからこそ、それを一般化することで自分らしさが失われ、その他一般に埋没してしまいます。自分の現在の孤独は、未来の自分を邪魔するのではありません。いま孤独な自分の時間は、自分の未来を形づくり、自分の手を引いて新たな自分の場所に導いてくれます。なぜなら、孤独であるとは、自分と向きあう、ということだからです。

20世紀フランスの哲学者ドゥルーズは、孤独であることの意義をこう説明します。

誰かと一緒にいるということは、その誰かという自分以外のものに気を配ることであるから、自分へ気を配ることがおろそかになり、自分自身をないがしろにすることになる。人は自分自身を大切にするなら、孤独な時間を大切にしなければならないのです。

「今役に立つか」は未来の役に立たない

そのような現在の孤独は、過去の自分自身を振り返る、ということです。この振り返りは、後ろ向きのようでいて、実は徹底的に前向きで、建設的です。自分のこれからの歩みを支え、道を指し示す支えになります。

自分のことを考えるくらいなら、知らないことを学んだほうがはるかに役立つし、誰かと話している方が楽しい、と思うかもしれません。自分のことを考えるなんて、何も新しいことをもたらさないと思うでしょう。

でも、何か新しいことを学ぶ前に、だれかと話す前の、何の新しさももたらさないような振り返りこそ、遠くに飛び立つために不可欠なスプリングボードです。自分を見つめれ

3 土田健次郎訳注．論語．筑摩書房，2023，p.47.

ば見つめるほど、新しい人生に踏み切り、飛び込んで飛躍していくための力は強くなるでしょう。なぜでしょうか。

それは、役に立つことを基準にするなら、「いま」の自分の役に立つというだけであり、自分の地平を広げることにはならないからです。「何か」の役に立つということは、つねに目的が限定されています。つまり、自分の未来という可能性を最初から限定してしまうわけです。

しかも、それは未来の自分だけではなく、現在の自分までも限定してしまいます。なぜなら、現在の自分について、自分は、役に立つ/立たないを判断できる立場にいると無自覚に前提してしまっているからです。自分の判断が及ばない可能性に思いを馳せたりせずに、目に見える範囲だけに世界を限定してしまっています。言い換えるなら、自分は、役に立つ/立たないを判断できると思い上がっていることになります。

利益/不利益でいうと、特定の利益/不利益にこだわってしまうと不利益を被るでしょう。なぜなら、目に見えるものだけを変更不可能で、他の余地がないといった絶対的な基準にしてしまうと、予測しなかった状況に対応できず、あるいは未来の自分の可能性をあらかじめ狭めてしまい、「損」をするからです。

だいたい、すぐに思いつく利益は目先の利益であり、長期的で根底的なものではありません。そんな刹那的な生きかたは人を幸せにはせず、次から次へと、その時かぎりの薄っぺらな利益で満足することを強いられ、心の中に不満の澱《おり》が溜まり続けることになります。

ほんとうの幸せとは何か

自分の生きかたに対して「センシティブになる」

仮にアーティストが目先の利益にしがみつきたければ、現在の活動を続けることがお金をもたらすでしょうし、つねにファンの前に姿を出していることの方が、宣伝効果があるはずです。でも、それは未来の自分の足を引っ張ることになりかねません。あらゆる可能性に開かれている自分を、現在の延長でしか見ないからです。現在の自分に足りないものを探すのは長期的になるかもしれません。なぜなら、それは根底から自分を見つめることになるからです。徹底的に見つめ直す、といってもいいでしょう。

それは当然、時間がかかるでしょうし、その間、利益が生じないかもしれません。長期間、人前に出なければ忘れ去られそうです。でも、それは真に自分を大切にする行為です。もちろん、これは他の人がどう思うかとか、他の人の基準に従うとかではなく、それを拒否したり否定したりする必要もありません。ただ、これまで自分が前提にしてきたものを否定するのではなく、いったんかっこにくくり、わきに置いて、「みんな」のかげに隠れた自分にフォーカスを当てる。

これは、自分の生きかたに対して「センシティブになる」ことであり、自分の生活を丁寧に送るように、言葉の意味に関して気づかうということです。でも、丁寧な話しかたのことではありません。言葉の意味に関して相手や自分を気づかうということです。

ほんとうの幸せを探すなら、私たちは自分自身にも他の人にもセンシティブになる必要があります。それは、役に立つ／立たないという単純な二分法から一歩身を引くこと、自分の知る知識や価値が正しいと思い込むことからも、自由になることです。眼前の世界を前提条件として絶対化してしまうと、違和感に気を配らず、省みないことになります。それは、自分自身も他の人もないがしろにすることと表裏一体です。

人は本来独りである

そのような絶対化を壊してくれるのが、自由であり孤独《ソリチュード》な時間です。自由な時間とは、自分と向きあう時間ですから、孤独とは本当は、自分にとって絶対的な自由を与えるきっかけ、未来の自分へのスプリングボードだといえます。ただ、人は他者を求めるあまり、独りでいることの価値に見向きもしません。それどころか、否定的にとらえます。独りであることに価値を置かないのは、自分をないがしろにしているだけではなく、自分の未来を切り崩して、人は本来独りであるという事実から目を背けているようなものだと思います。

ほんとうの幸せを探すなら、私たちは人間とは孤独でありながら、つながり（社会）を求める矛盾した存在であることに、まずは気づくべきです。

本書冒頭で指摘したように、見ず知らずの人やスーパーのレジで、「こんにちは」とか「今日はいい天気ですね」といったスモールトークをするだけで、私たちに社会とのつながりを意識させ、安心感・幸福感をもたらします。個人の幸せは、このような社会性の実現だけではなく、自分独りでしか追求できない〈自分らしさ〉の追求にも基づきます。こちらの方は、孤独な時間を大切にすることで実現する目標です。

言葉を大切にする人が幸せをつかむ

私たちは自分だけの経験を表現するとき、自分にしかできない〈述語〉づけをします。そのような言葉は、没個性的な暗闇に輝く宝石をちりばめて、互いを照らしあって美しく輝くように印象的です。なぜなら、そのとき〈述語〉はもはや一般的な意味を伝える記号ではないからです。それはさまざまな経験を意味として相互に反射する星座をなします。

ここでは没個性の夜に、星のかわりに言葉に火が灯り、人生を照らす〈ともしび〉となっています。言葉は、だれに対してもそれこそあなたの人生そのものだと言ってくれるような〈自分らしさ〉が輝き出す瞬間を照らし出すことができます。

私たちは自然の中を散歩します。風の運ぶ山や海の匂い、木々のざわめきを楽しみます。この草花はなんて名前だろうと考えます。小鳥の声を聞いて楽しい気持ちになり、そのことを誰かに伝えたくなります。そのための言葉を探します。

また社会の中でも散歩します。誰かに会って新たな発見をしたり、話題によっては驚いたりします。その気持ちや考えを言葉にしようとします。つまり私たちは、言葉の中の散歩者です。誰もが言葉の探求者です。誰もが自分の経験や考えに当てはまる言葉を探します。

私たちは自分の経験や考えと言葉とを重ね合わせながら生きています。この重ね合わせを日々、繰り返し行っています。私たちは自分の生と言葉とを繰り返すこと、重層化することで、自分の日々を深みと重みのある生へと生まれ変わらせます。経験や考えと言葉との重ね合わせを繰り返すことは、自分らしさを生み出すことです。

なぜなら、言葉と経験の重層化は、その経験をした自分にしかできないからです。

このように自分と向きあうことは、孤独な作業です。でも、自分と向きあうということは、自分とともにあるということです。自分を気づかい、自分が生きる〈いまここ〉の描く瞬間をそれぞれ大切にすることです。

〈主語が大きい〉状況を追い求めるのではなく、〈述語が大きい〉状況を深めていくことは自分自身の幸せを繰り広げていくことであり、自分に対してそのことを大切にできる人は、他の人の幸せを支える方法がわかる人です。それが互いの幸福であり、自分と向きあうことは、他者を真に大切にすることへと開かれていきます。

おわりに

みなさんはつねに言葉を使います。誰もが言語クリエイターです。でも、そんな実感はあるでしょうか。おそらく、言葉って難しい、と思うことばかりでしょう。私の学びの出発点は、このような問いからでした。

私が幼稚園で仲良くしていた子は、体格に比べて少し頭が大きく見えました。そのためでしょう。オトナのいない場所でだけだと思いますが、「宇宙人」「火星人」とからかわれていました。私にもその表現がよくないという意識はありましたが、私は正義感をはっきり意識したわけでもなく、「宇宙人」「火星人」と言ったこともありませんでした。自分にとって「宇宙人」はスター・ウォーズやウルトラマン、ドクター・スランプの登場人物だったからかもしれません。

ただ、そんな心無いことを言われて、彼が涙するのを私は知っていましたし、それを気の毒に思う心はありました。あるとき、私は彼をしつこく感じて、「うるさい」「ほっといてくれ」と言うようなつもりで、自分の星に帰れ、のようなことを言ったことがあります。

そのとき、それを聞いた幼稚園の先生は涙を浮かべるようにして、私を叱りました。

私はいくつかの理不尽さを感じました。まず、他の子たちがさんざん言っていても、叱られているようには見えませんでした（みな幼くても、悪いことはわかっているので、巧妙に隠れてやりますから気づかなかった可能性はあります）。それと同時に、ほかの子たちは言っていても、私が言っていなかったのに、とうとう口にしたことに失望したのではないか、という予感めいた意識もよぎりました。

また、私は発言が問題であることは自覚しながら（つまりストレートに、独りにしてくれと言えばよかったのですが）、私が独りでいたいという感情が二重に否定され、独りでいたくない友人の感情が優先されたように感じました。そしてこのことを伝えようとしても、私の意図は受け入れられず、「友達を作りなさい」「友達を大切にしなさい」「みんなと行動しなさい」と言われるだろうとも、なんとなく予測できました。

そのとき私は、そこにいたオトナが悪いとは思わず、その反応は正当だとも感じていました。もとより、自分の発言が問題であることは自覚していたからです。

私はこういった想念を同時に思い浮かべ、自分の感情や思考、意図を自分に対しても明確にすることができないことを体験し、また明確に言葉にしたところで、やはり伝わらないし、言ったところでなんにもならないだろう、というような複雑な思いを抱きました。そして、相手が言った言葉からは、その人の想念すべてを読み取ることもできないことを再確認するような気分でした。

相手が同じ年代でも大人でも、意図はなかなか伝わらないという原体験は他にもあります。小学校に入ると、私は道端に変な模様のある石を見つけました。それは小さなアンモナイトだと教わり、古生物に関心を持ちました。

子どもの私が生活していた地域には８００年以上前の縄文から弥生時代、古墳時代の土器や石器まで散らばっていました。小学生の私は土器の破片を集め、分類し、つながるものはつなげて考古学の真似事をしていました。そしていつしか、考古学者になりたいとまで思うようになりました。

ところがオトナたちは地質学、古生物学、考古学という言葉からは「一日中土ばかり掘り起こしている」というイメージしか思い浮かばないようでした。土を掘ることは私にとってなんの問題もなく、それを通して、今では破片でしかない過去を復元し、思い描き、明らかにできることが価値ある生きかたに思えたのです。

同じ言葉から、全く違うイメージを抱き、そのイメージは説明すれば伝わるのに、結局は納得しない、という謎の現象を、ここでも繰り返し体験することになりました。理解できるが納得できないこと、言葉が異なるイメージを伝えることは個人の問題なのか、言語という一般性の問題なのか、それとも他に理由があるのか。逆に、共通のイメージはどうやって構成されるのか。専門用語を知らないながら、そんなことを幼いころから考えていました。そして結局、言葉の地層を掘り起こす仕事ばかりしています。

著名な評論家の江藤淳《えとうじゅん》さんは大学生のころ、井筒俊彦を「火星人」と呼んだそうです。実際に物理的に頭も大きく、また人間にしては知能がありすぎるからだとのことです。もちろん私の偏見が江藤さんによって正当化されると言いたいわけではありません。むしろ、私たちがもつ宇宙人や火星人のイメージは、そのイメージを描き出した誰かの固有名がきれいに洗い流され、没個性＝公共化されて、物心ついたばかりの幼い思考からオトナの思考まで方向づけていることに今さら驚いています。地質学、古生物学、考古学という言葉を聞いて、ある人は穴を掘る仕事を思い浮かべ、ある人はロマンを求めている（＝お前は現実を見ない）と理解し、私は痕跡から全体像を明確にする緻密《ちみつ》な作業を思い浮かべる。そんな体験をして、誰にでも伝わる言葉が全く伝わらないことに恐怖すら覚えたのをいまさらながら思い出しています。

そんなことを思っている幼稚園児や小学生は少し変わっているでしょう。そういう人のことをドイツ語では「あの人は別の惑星から来た」「あの人は別の惑星に住んでいる」と慣用的に言います。人はみなそれぞれの惑星という思考圏に生息し、世界の複数性を生きているのかもしれません。それほど、言葉は伝わるようでいて微妙にずれを生んでいき、しかしある程度は伝わります。

こんな原体験があったためでしょうか。私は外国語や古い日本語を専門的に学び、言語学や言語哲学を専門にしました。そしてわかったことは、言語は果てしなく広がる宇宙のようなものだということです。言葉を学ぶことは、未踏の荒野や海原、大空を行くように、目の前に開ける展望が果てしない「未知」として繰り広げられる経験でした。いくら身近な世界をすみずみまで調査しても、宇宙全体を知ることはできないように、身近どころか自分自身のアイデンティティを形づくる言葉であっても、そのすべてをすみずみまで知ることは不可能です。

しかし、宇宙誕生の秘密は意外にも地球からも推測できたりします。言語の秘密も日常に転がっています。言語学や言語哲学は、そういった秘密がどんなレシピなのか解明します。そうすることで、いま挙げたような問題に迫るものです。

言葉を学ぶことは、はるか昔まで遡《さかのぼ》ることのできる無数の人々の営みを学ぶことです。果てしない過去から続く人々の営みは、瞬間ごとに変化します。そのたえまない変化を知ることは難しく、そのため楽しくもあり、何より有意義です。

言語は宇宙のように無限に広く深いけれど、そこに広がるのは完全な暗闇ではなく、前を見れば月明かりが道を照らし、上を見れば星々がまたたく夜空のようなものです。果てしなく広がる未知の夜を背景に、無数の言葉がきらめいて、よく見ればあちこちで星座を形づくっています。

夜の空に星々がきらめいて、一つひとつのきらめきに心躍らせることもできれば、星たちを結び合わせて星座やその神話を楽しむことができるように、どこに焦点を当てるかで、繰り広げられる世界は変わります。月に行って、その表面を調査することも画期的な出来事です。そういった一歩一歩の積み重ねで、私たちははるか遠くの宇宙の出来事を計算することもできるようになりました。言葉を知ることは、宇宙への旅に似ています。

ただし、言葉を知ることは、目的地への到達できるかわからない旅ではなく、すぐそばの足元や行先を照らし、身近な謎を解明する旅です。そして何より、言葉を語らうことは、心を通わせることであり、心に言葉で暖かな〈ともしび〉を灯すことです。どうしても誤解を引き起こしてしまう言葉によってしか、誤解を解くことはできないし、無理解に苦しむけれども、理解と和解、友情や愛、喜びや楽しみをもたらしてくれるのも、やはり言葉なのです。

私は、行先を示す星のような言葉を求めてきました。心に灯る〈ともしび〉となる言葉を探す旅は、それじたいが、生きる喜びとなることを知りました。

この本もまた、言葉をめぐる旅のようなものです。夜空にまたたく星を心に映すように、言葉があなたの心を照らすことを願っています。この旅を終えたとき、この本を読み終えたとき、この本を織りなす言葉が、あなたの心の暖かな〈ともしび〉となり、心の糧となるなら、これ以上ない喜びです。

著者紹介

小野 純一 (おの じゅんいち)

1975 年、群馬県生まれ。自治医科大学医学部総合教育部門哲学研究室准教授。専門は哲学・思想史。東京大学大学院人文社会系研究科博士課程修了。ベルギー・ゲント大学文学部アジア学科研究員、東洋大学国際哲学研究センター客員研究員などを経て現職。

著作に『井筒俊彦——世界と対話する哲学』(慶應義塾大学出版会、2023 年)などがある。訳書にジェニファー・M・ソール『言葉はいかに人を欺くか』(慶應義塾大学出版会、2021 年)、井筒俊彦『言語と呪術』(安藤礼二監訳、慶應義塾大学出版会、2018 年)。

本書が初の一般向け著作となる。

装丁	水戸部功
本文デザイン	阿部早紀子
図版	阿部早紀子・朝日メディアインターナショナル
DTP	朝日メディアインターナショナル
校正	鷗来堂
営業	岡元小夜・鈴木ちほ
進行管理	小森谷聖子・高橋礼子
編集	的場優季

僕たちは言葉について何も知らない

孤独、誤解、もどかしさの言語学

2025年4月14日　第1刷発行
2025年7月4日　第3刷発行

著　者　　小野純一
発行者　　金泉俊輔
発行所　　ニューズピックス（運営会社：株式会社ユーザベース）
〒100-0005 東京都千代田区丸の内2-5-2 三菱ビル
電話　03-4356-8988
FAX　03-6362-0600
※電話でのご注文はお受けしておりません。
FAXあるいは下記のサイトよりお願いいたします。
https://publishing.newspicks.com/

印刷・製本　シナノ書籍印刷株式会社

落丁・乱丁の場合は送料当方負担でお取り替えいたします。
小社営業部宛にお送り下さい。

ISBN　978-4-910063-40-9
本書に関するお問い合わせは下記までお願いいたします。
np.publishing@newspicks.com

刊行書籍
一覧はこちら

資本主義社会における「お金で買えないもの」の役割とは？

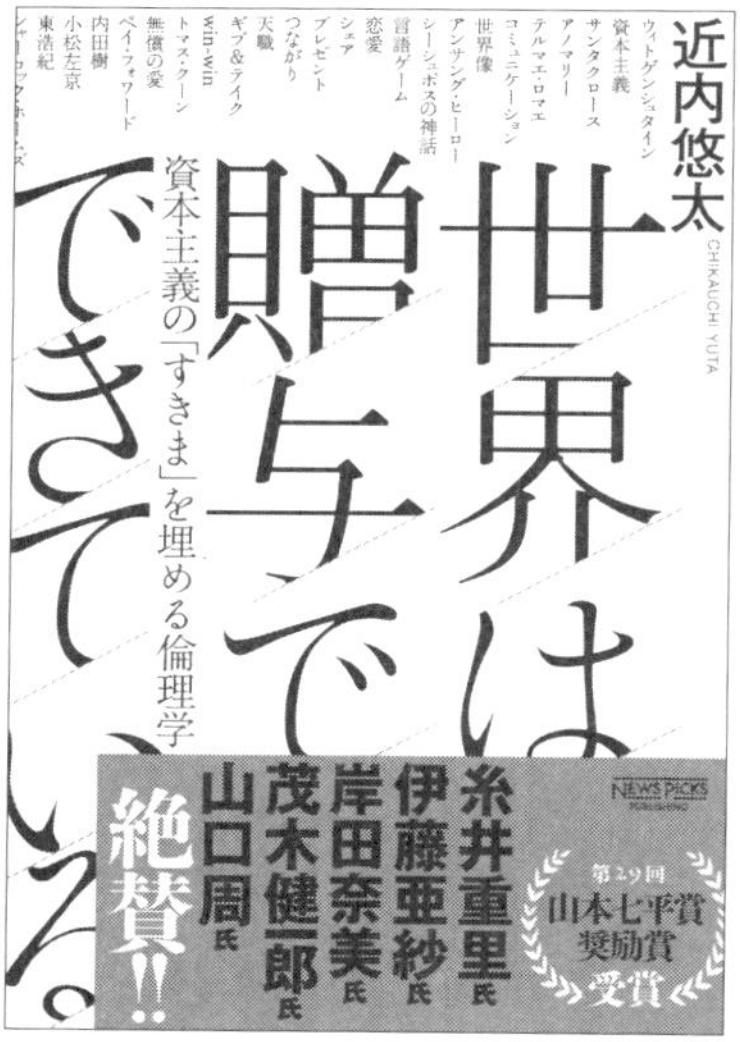

世界は贈与でできている

資本主義の「すきま」を埋める倫理学

近内 悠太 著

〈第29回山本七平賞 奨励賞受賞〉世界の安定を築いているのは「お金で買えないもの＝贈与」だ——。ウィトゲンシュタインを軸に、人間と社会の意外な本質を驚くほど平易に説き起こす。新時代の哲学者による鮮烈なデビュー作！

希望を灯そう。

NEWS PICKS PUBLISHING

「失われた30年」に、
失われたのは希望でした。

今の暮らしは、悪くない。
ただもう、未来に期待はできない。
そんなうっすらとした無力感が、私たちを覆っています。

なぜか。
前の時代に生まれたシステムや価値観を、今も捨てられずに握りしめているからです。

こんな時代に立ち上がる出版社として、私たちがすべきこと。
それは「既存のシステムの中で勝ち抜くノウハウ」を発信することではありません。
錆《さ》びついたシステムは手放して、新たなシステムを試行する。
限られた椅子を奪い合うのではなく、新たな椅子を作り出す。
そんな姿勢で現実に立ち向かう人たちの言葉を私たちは「希望」と呼び、
その発信源となることをここに宣言します。

もっともらしい分析も、他人事のような評論も、もう聞き飽きました。
この困難な時代に、したたかに希望を実現していくことこそ、最高の娯楽《エンタメ》です。
私たちはそう考える著者や読者のハブとなり、時代にうねりを生み出していきます。

希望の灯を掲げましょう。
1冊の本がその種火となったなら、これほど嬉しいことはありません。

令和元年
NewsPicksパブリッシング 創刊編集長
井上 慎平